Stefano Sala, Viviana Leveghi, Massimo Gambini

ALOE SEGRETA

la natura buona si svela a chi la sa cogliere

ZUCCARI

SALA, STEFANO
LEVEGHI, VIVIANA
GAMBINI, MASSIMO

Aloe Segreta
la natura buona si svela a chi la sa cogliere
128 p. ill.
ISBN 978-88-89914-03-8

Trento, edizioni ZUCCARI, 2016

ZUCCARI s.r.l.
Via del Commercio, 66/68 - 38121 Trento
www.zuccari.com

INDICE

Questa storia inizia dove altre storie non avrebbero mai voluto iniziare.

In una zona aspra del Sud America, arsa dal sole, sfiancata dal vento, dove non piove da molto e quando piove le poche gocce non riescono a essere un sollievo per nessuno - è là che inizia la nostra storia dell'Aloe.

Sappiamo perché esiste e conosciamo il suo segreto che condivideremo nelle prossime pagine, ma per il momento ci limiteremo a spiegare dove vive. Se crediamo che le difficoltà stimolino la creazione di mezzi per sopravvivere e prosperare, allora possiamo fare delle considerazioni: l'Aloe nasce nelle condizioni più inospitali e inadatte alla vita che si possano immaginare, un terreno arido e quasi privo di nutrienti, sole e pochissima acqua, senza alleati naturali sui quali contare.

Esattamente come succede fra gli uomini, quando qualcuno si eleva e fa crescere un piccolo miracolo dentro di sé, attira le attenzioni di tutti quelli che vorrebbero appropriarsi della sua magia per replicare il modello vincente. Allo stesso modo, il miracolo che si cela dentro questa pianta richiama animali che vorrebbero approfittare di quel concentrato di vita, così comodo, pronto e a portata di zampa.

La sua personalità si è sviluppata arricchendosi di sfumature, esattamente come zucchero filato intorno a un bastoncino, partendo da questo istinto di difesa. A differenza di molte altre piante che si sono indurite per sopravvivere alle avversità, l'Aloe ha conservato quell'anima morbida e succosa, con finti aculei molto evidenti per proteggersi dai malintenzionati più maldestri. Ma il suo modo sofisticato di sopravvivere l'ha portata a proteggersi anche dall'interno, per i predatori più subdoli, quelli che affinando una certa tecnica cercano di divorarla comunque.

IL SUO I° ISTINTO È LA DIFESA.

Prima di crescere, prima di prosperare, prima di diventare rigogliosa, l'Aloe nasce con il bisogno di difendersi: gli agenti atmosferici implacabili, gli animali che si avventurano fino a lei, attirati da quella promessa succulenta in mezzo al nulla. Il sole la offende tutti i giorni, ma sa gestire i liquidi in modo da poter produrre e conservare i nutrienti. Risulta sgradita ai nemici per la sua "corazza" spinosa ed è leggermente repellente perché nella parte coriacea delle sue foglie ha concentrato l'aloina, la sostanza più amara conosciuta in natura (viene utilizzata nella formulazione degli smalti per dissuadere gli onicofagi più incalliti). Essa risulta irritante, ma significativamente benefica per l'uomo se introdotta in minime quantità. È nata per scoraggiare chiunque si fermi al primo strato, alla corteccia, a chiunque non si prenda il tempo di arrivare al suo cuore. Durante il periodo della fioritura una notevole quantità di linfa abbandona il fusto per arrivare al gambo e ai fiori, attirando parassiti ed esponendosi maggiormente alle malattie, in particolare al fungo del tabacco. Solitamente, comunque, la linfa dal sapore amaro è sufficiente per garantire all'Aloe una certa invulnerabilità.

IL SUO II° ISTINTO È L'AUTO-MEDICAZIONE.

Intimamente orgogliosa, se l'Aloe viene tagliata ha la capacità di cicatrizzarsi e rigenerarsi in poche ore (chi ha mai avuto modo di tagliare una parte di foglia dalla pianta sa di cosa stiamo parlando). Questo scrigno di benessere ha una tale abbondanza di risorse interiori da non aver bisogno di chiedere aiuto o lasciarsi morire per una piccola ferita. Il suo talento auto-cicatrizzante è un inno alla resilienza: si riorganizza biologicamente per affrontare difficoltà e traumi. L'Aloe è una pianta empatica e forse proprio per questa ragione viene ricercata tanto dalle persone sane quanto da quelle che stanno vivendo problematiche di vario genere, sapendo di poter contare su un cocktail di forza e resistenza, pozione che la pianta utilizza per se stessa e che riesce a trasmettere all'organismo con semplicità.

IL SUO III° ISTINTO È L'IMMUNOMODULAZIONE.

L'Aloe è in grado di provvedere alla sua stessa salute inventando una sorta di farmacia preventiva fatta non soltanto di attivi presi singolarmente ma di infinite interazioni. A seconda della necessità la pianta può modificare la sua risposta immunitaria e innescare un processo in grado di fortificare le sue difese. Possiamo parlare di intelligenza biologica o di un istinto di risposta superiore: il modo in cui l'Aloe si organizza per affrontare una problematica particolare (un cambiamento climatico improvviso, l'attacco di un animale) è lo stesso in cui ci insegna a reagire e a fortificarci.

SII COME L'ALOE

A prescindere dalle condizioni in cui ti trovi, l'insegnamento che offre l'Aloe è quello di

"bloom where you're planted",

fiorisci e prospera dove sei piantato. Cerca di sviluppare cose buone al tuo interno, un nutrimento che ti sostenga in qualsiasi condizione. Fai in modo che le tue cicatrici si rigenerino e non aver paura dei nemici che vogliono appropriarsi del tuo successo: concediti generosamente al mondo, perché chi vuole solo i tuoi risultati senza percorrere il tuo cammino, non potrà averli a lungo.

IL SUO IV° ISTINTO È LA SOCIEVOLEZZA.

In natura possiamo classificare le piante non soltanto secondo canoni scientifici, ma anche secondo dinamiche di empatia, vale a dire considerando il modo in cui viene gestita l'interazione con l'uomo.

In questo senso esistono quattro tipologie di piante:

- quelle che vogliono la solitudine e sottolineano il loro desiderio attraverso la velenosità (un esempio può essere quello della digitale, altamente tossica e con effetti collaterali pericolosi)

- quelle che si trovano in mezzo agli altri ma non esprimono voglia di comunicare (la gramigna non ha intenzione di dialogare, ma di infestare)

- piante che non hanno l'intuizione del dialogo, ma si donano e si lasciano lavorare in modo affabile (tutti i vegetali commestibili possono rappresentare questa categoria)

- piante che non vivono a contatto con l'uomo, ma hanno sviluppato un'innata capacità di dialogo e interazione, modulando il loro intervento senza mostrare alcun tipo di resistenza: l'Aloe è la regina incontrastata di questa categoria. È proprio questa qualità che le permette di rapportarsi così bene con l'organismo umano, tanto da avere uno fra i più bassi indici allergenici presenti in natura.

L'Aloe vive in solitudine, in estensioni dove la sua unica interazione è quella con altre piante uguali a se stessa. Il suo isolamento, invece di indurirne il carattere, le ha instillato una grande voglia di farsi conoscere e mettere a disposizione delle persone la magia che ha imparato a creare sfruttando le sue condizioni avverse. Al contrario, alcune piante nascono e prosperano fra gli esseri umani, ma non traggono vantaggio da questa vicinanza e non intendono offrirne.

CAPITOLO I

ALOE, UN TESORO CHE HA FATTO STORIA

Lo spirito di osservazione delle menti più elevate ha portato l'Aloe a essere un medicamento utilizzato per le sue proprietà in tutto il mondo.

Una tavola sumera di argilla databile attorno al 2000 avanti Cristo, trovata in Mesopotamia nella città di Nippur, include l'Aloe vera in un elenco di piante medicamentose.

Nefertiti e Cleopatra erano solite utilizzare l'Aloe nella loro routine di bellezza.

I GRANDI DI OGGI NE CONOSCONO I BENEFICI E NE CERCANO LA QUALITÀ

USO SISTEMICO

Virtù del succo puro e non pastorizzato

- Depura e disintossica
- Aumenta le difese
- Favorisce la digestione e la metabolizzazione dei nutrienti
- Nutre l'organismo in modo bilanciato
- Protegge lo stomaco e l'intestino

USO COSMETICO

Virtù del gel puro e non pastorizzato

- Lenisce e protegge
- Cicatrizza e ripara
- Toglie l'arrossamento
- Sgonfia e attenua il dolore

Alessandro Magno conquistò l'isola di Socotra sulla cui superficie si trovava una notevole piantagione di Aloe, che veniva utilizzata per curare le ferite dei suoi soldati reduci dalle battaglie militari.

Quattro vegetali sono indispensabili per il benessere dell'uomo: il frumento, la vite, l'olivo e l'Aloe. Il primo lo nutre, il secondo gli rinfranca lo spirito, il terzo gli reca armonia, il quarto guarisce.

Cristoforo Colombo

CAPITOLO II

ALOE, IDENTITÀ DI BENESSERE

Esitono 250 varietà di Aloe, ma quattro di queste hanno fatto storia.

ALOE BARBADENSIS MILLER O ALOE VERA

Originaria dell'Africa centro-meridionale, oggi predilige il clima caldo-umido dell'America centrale e prospera nell'area caraibica, specialmente nelle isole Barbados (da qui il nome barbadensis).

Si sviluppa su un unico ceppo, con foglie carnose e succulente, di un colore verde chiaro chiazzato che con il trascorrere del tempo diventa un verde spento, quasi tendente al grigio.

Raggiunge la maturità dopo i 4 anni, periodo a partire dal quale si possono tagliare le sue foglie per lavorarle.

Le foglie di questa varietà sono molto ricche di gel rispetto alla parte esterna, verde e coriacea. Ogni foglia può pesare in media da 1 a 2 chili.

Nonostante non sia la varietà con la maggiore concentrazione di attivi (in termini strettamente quantitativi), l'Aloe vera è sicuramente la più lavorata al mondo, poiché la carnosità delle sue foglie permette di estrarre il filetto agevolmente.

ALOE BARBADENSIS MILLER

= foglia 1-2kg

ALOE ARBORESCENS MILLER

Originaria dell'Africa centro-meridionale, oggi è diffusa anche in Russia, Giappone e più in generale in Asia.

Non si sviluppa su un unico ceppo, ma su un tronco centrale legnoso, con foglie sottili e filiformi con una cuticola esterna più spessa - caratteristica che ne permette la sopravvivenza in climi più rigidi.

Ogni foglia può pesare in media da 10 a 100 grammi.

La sua grande concentrazione di attivi non basta a giustificare i costi della lavorazione industriale, resa difficoltosa dalla bassa resa delle foglie rispetto al gel estratto.

ALOE ARBORESCENS MILLER

= foglia 10-100gr

ALOE CHINENSIS

Probabilmente l'Aloe chinensis, nonostante il nome, trova le sue origini nella parte settentrionale dell'Africa (Algeria, Marocco, Tunisia, Isole Canarie), ma la sua diffusione si è estesa a tutto il mondo senza particolare distinzione.

In realtà la sua grande similitudine con l'Aloe vera ha convinto molti botanici ad associare le due varietà. Lo scarso sviluppo morfologico dell'Aloe chinensis rende questa pianta una versione in miniatura, ricca di attivi perché concentrata, dell'Aloe vera.

L'origine della sua nomenclatura non è chiara: pare che, essendo stata ritrovata in antichi manoscritti di medicina tradizionale cinese, questa varietà abbia preso l'appellativo di "chinensis". Si differenzia dall'Aloe vera in quanto le sue foglie sono puntinate di macchie bianche che tendono a scurirsi con il passare del tempo.

ALOE CHINENSIS

= foglia 10-30gr

ALOE FEROX

Originaria del Sudafrica, anche l'Aloe ferox è ricca di vitamine, minerali e aminoacidi essenziali. Rispetto alla "sorella" più comune, l'Aloe vera, questa varietà ha una maggiore concentrazione di calcio e ferro.

La pianta si sviluppa attorno a un unico tronco che può arrivare a raggiungere i 5 metri di altezza ed è facilmente riconoscibile rispetto ad altri tipi di Aloe perché in primavera produce fiori arancioni. Lo spazio vitale fra una pianta e l'altra è di circa un metro, separazione che permette una crescita rigogliosa.

Curiosità: nell'Aloe ferox si possono distinguere le caratteristiche spine su tutta la superficie della foglia e non soltanto lungo il suo perimetro.

ALOE FEROX

= foglia 10-500gr

CAPITOLO III

ALOE DA TRATTARE CON RISPETTO

C'è un protocollo produttivo unico al mondo che ha segnato un prima e un dopo nella lavorazione dell'Aloe.

LA RACCOLTA

Non esiste una macchina in grado di scegliere quali foglie siano pronte, mature e succulente al punto giusto, per essere lavorate. Per questa ragione la raccolta deve essere effettuata esclusivamente a mano, con un taglio secco alla base della foglia per fare in modo che il prezioso filetto non entri in contatto con l'aria, situazione che ne causerebbe l'ossidazione e un'irreparabile perdita di qualità. L'attenzione prestata deve essere ancora maggiore quando si tratta dell'Aloe arborescens, in quanto la dimensione più contenuta delle foglie richiede una precisione chirurgica. Le foglie, in lotti non più pesanti di una tonnellata ciascuno, devono essere inviate al centro di lavorazione che solitamente si trova nelle immediate vicinanze, in quanto il cuore della produzione deve avviarsi entro 3 ore dalla raccolta.

IL LAVAGGIO

La foglia, auto-sigillata dalla stessa capacità di protezione, è pronta per essere lavata a mano attraverso un bagno detergente a base di sali specifici, con lo scopo di eliminare la carica batterica.

LA DECORTICAZIONE

Il metodo di lavorazione più veloce è quello che prevede la triturazione delle foglie intere, compresa la parte coriacea amara e i batteri presenti naturalmente in superficie. Un altro metodo di lavorazione prevede la macinazione attraverso rulli, che però "schiacciano" la parte amara rischiando di contaminare il gel interno con una quantità imprecisata di aloina. In entrambi i casi sarà necessario procedere con un filtraggio a carboni per eliminare la concentrazione altissima di aloina e la pastorizzazione per contenere la carica batterica.

Le ditte più serie, tuttavia, scelgono di procedere con una sfilettatura manuale, certamente più laboriosa in termini di tecnica e onerosa in termini di manodopera, ma indispensabile per mantenere integri i preziosi principi attivi contenuti nella pianta: il gel viene letteralmente sfoderato e presenta una ridotta quantità di aloina (5-20 parti per milione), oltre a contenere una ridotta carica batterica (gestibile semplicemente con un uso moderato di comuni conservanti esistenti in natura).

LA FLUIDIFICAZIONE

Molti produttori aggiungono un enzima in grado di sciogliere i legami fra polisaccaridi del gel d'Aloe, ottenendo un succo. Altri, con lo stesso scopo di fluidificare il gel, ricorrono al calore: si tratta di temperature elevate tipiche dei processi di pastorizzazione. Queste tecniche sono certamente irrispettose dell'Aloe e potenzialmente dannose in merito alla qualità del succo. Alcune aziende lungimiranti hanno compreso l'importanza di offrire ai consumatori un succo realmente naturale, risultato che si può ottenere attraverso la movimentazione meccanica del gel fino a ottenere il grado di fluidità più gradevole e appagante.

L'OSMOSI INVERSA

Fino a poco tempo fa non esisteva la possibilità di concentrare l'Aloe vera poiché qualunque tipo di processo avrebbe previsto il riscaldamento della materia prima e il conseguente possibile deterioramento degli attivi. Tuttavia negli ultimi anni la tecnica evoluta di osmosi inversa ReversOsmose® ha permesso di togliere l'acqua concentrando gli attivi da 2 a 12 volte. Questa concentrazione permette di esaltare le virtù dell'Aloe sia in prodotti per uso sistemico (integratori alimentari) che in quelli per uso topico (cosmetici).

LA STABILIZZAZIONE

Alcune aziende si fregiano della dicitura "senza conservanti". Di per sé l'idea è molto nobile, ma a volte può accadere che il frutto della lavorazione sia un prodotto talmente poco vitale da non essere più efficace, fino a rendere la conservazione necessaria solamente per mantenere una condizione sterile. Quando la natura di un prodotto è viva, merita di essere opportunamente stabilizzata e conservata attraverso sodio benzoato e potassio sorbato, ingredienti che in questo caso servono a stabilizzare la naturale carica batterica, conservando il prodotto nella migliore delle condizioni possibili.

SII COME L'ALOE

L'Aloe conosce il suo valore e non si lascia maneggiare in modo brusco o da chi non mostra rispetto per le sue qualità. Chi pretende di lavorarla "piegandola" a esigenze commerciali che non hanno nulla a che fare con la sua missione di benessere, non avrà altro che l'ombra della sua grandezza.

Fai come l'Aloe e scegli con attenzione a chi concedere la tua parte migliore,

per evitare che il tuo naturale potere si indebolisca a causa della noncuranza di qualcuno.

CAPITOLO IV

L'ALOE IN 5 MINUTI

L'ALOE È IL PIÙ SOFISTICATO LABORATORIO CHIMICO DI SINTESI ALL'APERTO.

Questa pianta ha a disposizione soltanto sabbia, aria, sole e qualche goccia d'acqua. La sua capacità di mescolare ingredienti poveri trasformandoli in un oro vegetale ha qualcosa di magico. Sintetizza quasi tutti gli zuccheri, le vitamine e i minerali presenti in natura, molte proteine e liquidi in abbondanza nei quali gli attivi sono disciolti (intelligentemente poiché facilmente "veicolabili" all'interno dei singoli distretti dell'organismo). Una quantità infinita, pressoché ancora insondata, di interazioni fra sostanze benefiche.

Quando sei esperto di qualcosa, non puoi neanche cenare in pace. C'è sempre qualcuno che vuole sapere e la curiosità va premiata perché genera consapevolezza. Nel caso di questa cena, la domanda è stata dettata da un reale interesse, ma ha messo comunque alla prova la nostra capacità di sintesi.

"MA COS'È L'ALOE?"

Abbiamo abbozzato un disegno, rispondendo così.

Immagina un'orchestra maestosa, nella quale i singoli musicisti siano i migliori nella loro specialità. Non sono solo professori illustri, ma riescono anche a dialogare fra loro in modo perfetto ed emozionante, con una sinergia assoluta che mette quasi in secondo piano il singolo e, a un ascolto veloce, fa apprezzare la totalità, il risultato, l'armonia. Questo rende meno importante l'apporto di ogni musicista? Assolutamente no, al contrario, denota un meccanismo perfetto. L'Aloe è allo stesso tempo la maestria del singolo strumento, l'armonizzazione corale e il direttore d'orchestra, perché sa come dare ritmo ed entusiasmo, anticipando ciò di cui l'organismo ha bisogno e intervenendo sui suoi disequilibri in modo pronto ed efficace.

COME FUNZIONA L'ALOE?

Attraverso singole eccellenze appartenenti a 3 categorie.

CARICA

CON I NUTRIENTI
Rifornisce l'organismo del carburante necessario per effettuare correttamente un percorso di miglioramento.

STIMOLA

CON I POLISACCARIDI
Rappresenta il vero e proprio motore dell'Aloe.

UN SEGRETO SVELATO

Abbiamo visto come dalla scarsità di elementi forniti dal suo territorio sia in grado di produrre un'enorme varietà di nutrienti. C'è però un aspetto del quale non si parla normalmente: questi nutrienti sono presenti in tracce. Sotto il profilo omeopatico, lo scopo di questi attivi non è quello di soddisfare il bisogno quantitativo, ma di insegnare al nostro organismo l'esistenza di una vasta gamma di attivi "amici".

L'ALOE NON CI RIEMPIE, MA CI RIEMPIE DELLA CAPACITÀ DI RIEMPIRCI.

ESPELLE

CON GLI ANTRACHINONI
Elimina gli scarti prodotti durante il percorso.

SII COME L'ALOE

Prendi consapevolezza del tuo organismo e del modo in cui lavora. Concentrati sul dettaglio e sul meccanismo, ma non dimenticare l'armonia generale.

Cerca di fare come l'Aloe, che ha un approccio al benessere degno della migliore orchestra.

Quando ascolti una sinfonia, più che apprezzare i singoli elementi, sei affascinato dal risultato più grande della somma delle parti. Anche il tuo benessere è un'arte.

GLI ANTRACHINONI

Quando assaporiamo un succo puro d'Aloe possiamo immediatamente percepire il suo gusto amaro. Questa particolare caratteristica proviene dalla presenza di antrachinoni, un gruppo di sostanze comuni nel mondo vegetale, caratterizzati da una profonda quanto segreta attività di stimolazione indiretta dei processi curativi dell'organismo. Studi approfonditi hanno dimostrato come gli antrachinoni presenti nell'Aloe siano in grado di promuovere un'azione lassativa dovuta alla grande varietà molecolare presente: aloemodina, acido aloetico, antranolo, acido crisofanico, estere di acido cinnamico e resistanolo. L'assunzione massiccia di antrachinoni può irritare il colon con conseguenti disagi, ma un'assunzione bilanciata rappresenta uno fra i benefici riconosciuti all'Aloe. I composti antrachinonici si trovano in un'alta concentrazione nella parte esterna (quella verde e coriacea) della foglia: per questo motivo i formulatori che la macinano intera devono intervenire successivamente eliminando in toto gli antrachinoni, mentre i formulatori che procedono alla decorticazione manuale possono tenere la quantità di antrachinoni presenti entro i limiti di efficacia e sicurezza. Quello che, secondo recenti studi, sembra contraddistinguere l'attività antrachinonica è una citotossicità selettiva. I risultati sono stati pubblicati nell'aprile 2016 da un gruppo di ricercatori coreani, i quali avrebbero studiato gli effetti del derivato antrachinonico denominato IMP1338 nell'indurre il processo di morte di alcune cellule tumorali per apoptosi (termine di origine greca che indica la caduta delle foglie dagli alberi o dei petali dai fiori). Il derivato IMP1338 sarebbe in grado di sviluppare la precedentemente nominata azione citotossica selettiva su cellule tumorali del colon, supportando l'arresto dei danneggiamenti a carico del DNA. Al momento della stesura di questo volume, i ricercatori hanno comunicato che i risultati ottenuti gettano le basi per ulteriori indagini.

IL TEST DELLA MANO

Per sperimentare l'incredibile capacità idratante del gel d'Aloe è sufficiente applicarne una piccola quantità sul dorso della mano e osservare il suo comportamento a contatto con la pelle. Si potrà avvertire immediatamente come la sua distribuzione avvenga in modo regolare, andando a formare sull'epidermide uno strato semipermeabile delicato e setoso al tocco.

CAPITOLO V

L'ALOE IN 10 MINUTI

Il compito dell'Aloe è quello di far scoprire o ricordare all'organismo tutti gli elementi dei quali ha bisogno per vivere bene. La sua missione non è quantitativa, ma qualitativa: l'organismo impara attraverso di lei come riorganizzarsi a seconda delle esigenze del momento, approfittando del potere sinergico ad alto livello nutritivo delle sostanze che la compongono. Sa come lenire e proteggere, veicolando allo stesso tempo l'assorbimento dei nutrienti in maniera ottimale e liberando l'organismo dalle scorie in eccesso (o semplicemente prodotte dai processi metabolici).

HAI MESSO IL CARBURANTE?

PRESENTAZIONE UFFICIALE DEI NUTRIENTI

Prima di partire per un viaggio, ci assicuriamo di avere il carburante necessario. Se questo manca rischiamo di trovarci bloccati o, peggio ancora, danneggiare il motore. L'apporto dell'Aloe al benessere dell'organismo funziona allo stesso modo: prima di partire l'Aloe fa in modo di assicurarci il carburante dato dai nutrienti. L'Aloe (brava!) produce, nelle condizioni climatiche limitanti e proibitive che abbiamo analizzato, un pool benefico vasto e ricco. Sali minerali, calcio, cromo, ferro, fosforo, germanio, magnesio, manganese, potassio, rame, selenio, sodio, zinco. Non mancano le vitamine, combinate come solo un sapiente alchimista sarebbe in grado di fare: provitamina A, vitamina B1, vitamina B2, vitamina B3, vitamina B6, vitamina B9, vitamina B12, vitamina C, vitamina E. Una lista alla quale si aggiungono fosfolipidi, steroli vegetali, enzimi, lignina, saponine, aminoacidi essenziali, non-essenziali e semi-essenziali.

IL MOTORE È A REGIME? L'ASSICURAZIONE C'È?

PRESENTAZIONE UFFICIALE DEI POLISACCARIDI

Gli zuccheri possono essere "piccoli" come i monosaccaridi o "grandi" come i polisaccaridi. I primi sono quelli che si occupano di dare un'energia immediata, ma quando si uniscono tra loro formando i polisaccaridi, abbracciano una nuova e più importante missione.
Molte cellule del nostro corpo hanno molecole di carboidrati sulla loro superficie. Questi carboidrati, a loro volta legati a proteine o grassi, sono dei recettori di virus e batteri, ospiti indesiderati che solitamente si nutrono di zuccheri. Un gruppo molto ristretto e speciale di carboidrati, appunto i polisaccaridi, intercetta la sostanza sgradita e la intrappolano grazie alla loro conformazione. I polisaccaridi prendono questo nome in quanto "catene" di monosaccaridi, glucosio e mannosio, che si legano migliaia di volte replicando lo schema di coppia: questa è la ragione per la quale sono conosciuti anche come glucomannani.

La particolare conformazione permette loro di estendersi e aderire perfettamente alla mucosa gastrica, proteggendola come un vero e proprio rivestimento naturale dall'acidità dei succhi gastrici o dall'aggressione di batteri.
Inizia il viaggio nel complesso sistema dello stimolo immunitario attraverso i polisaccaridi che svolgono 2 attività, una diretta e una indiretta. Quella diretta è l'azione gastroprotettiva perché riduce l'infiammazione, previene insulti dai succhi gastrici e strizza l'occhio ai nutrienti. Questa azione interna, veicolata dal succo, è facile da intuire provando il gel puro su una mano nel caso di un taglio: i polisaccaridi si stendono creando un film leggermente appiccicoso nei primi secondi e perfettamente liscio negli attimi successivi. La pelle viene protetta meccanicamente da ulteriori aggressioni esterne e allo stesso tempo ha la possibilità di accedere ai particolari nutrienti contenuti nell'Aloe. L'azione indiretta deriva dalla leggera attività citotossica di alcuni polisaccaridi che producono un benefico shock. La sostanza viene percepita come estranea dall'organismo, che allerta tutti i distretti immunitari diramando un messaggio di allarme. Dalle caserme escono i macrofagi, che si occupano di catturare i microbi (e distruggerli durante alcune fasi della risposta immunitaria). Certo, si tratta di un falso allarme, ma il corpo non lo sa e la sua reazione è responsabile della prima fase del nostro benessere.
Sono sempre i polisaccaridi i responsabili dell'autoregolazione idrica dell'Aloe. Abbiamo visto come la sopravvivenza della pianta in ambienti ostili dipenda anche dalla sua capacità di conservare i liquidi, infatti le foglie sono in grado di trattenere l'umidità intrappolandola nella fitta catena dei glucomannani. Fra i carboidrati complessi a catena molto lunga, non possiamo dimenticarci dell'Acemannano. Secondo quanto riportato da Jon Barron di The Baseline Health Foundation, l'Acemannano si integra nella membrana cellulare andando ad aumentarne la permeabilità e la fluidità. Il vantaggio della cellula è pratico: riuscirà a espellere le tossine con una maggiore facilità, ottenendo anche la possibilità

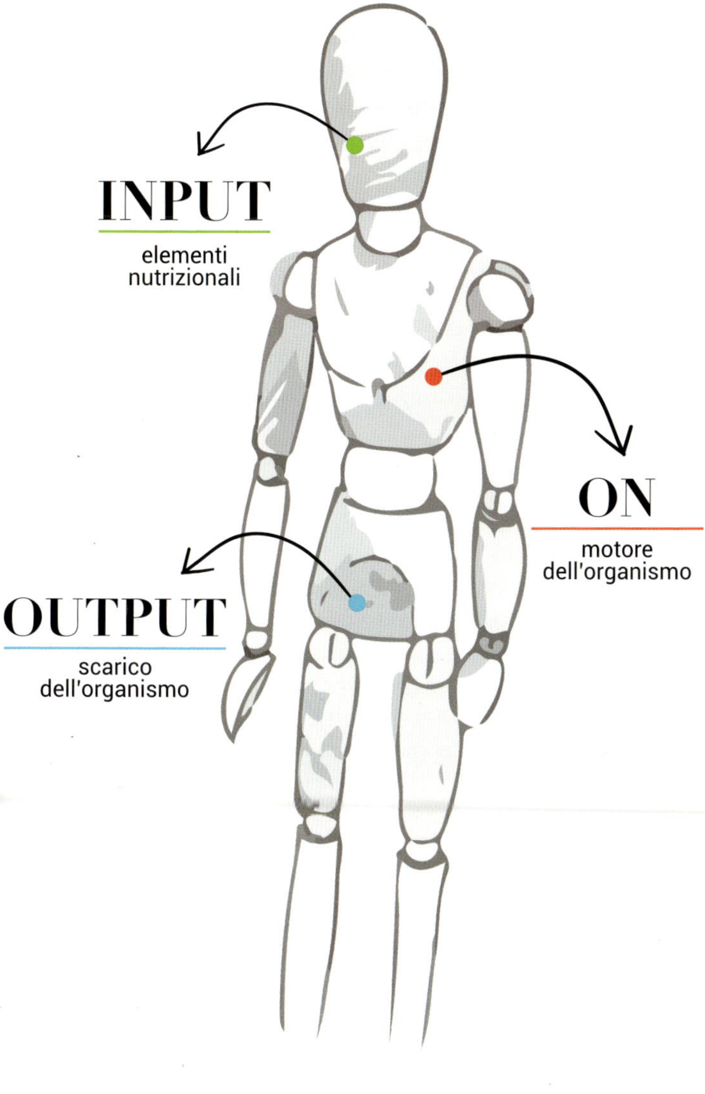
INPUT
elementi nutrizionali
ON
motore dell'organismo
OUTPUT
scarico dell'organismo

di ricavare un maggiore nutrimento. Un vivace metabolismo cellulare può indurre l'organismo a produrre più energia.
Una curiosità: i polisaccaridi sono in grado di attraversare l'organismo scendendo fino al tratto gastroinstestinale senza modificare il loro assetto, proprietà che rende possibile il loro assorbimento integrale da parte della mucosa intestinale. A questo punto siamo in marcia e siamo sereni: abbiamo il carburante migliore in natura, il motore funziona e abbiamo anche un'assicurazione straordinaria "offerta" dalle due attività (diretta e indiretta) dei polisaccaridi. Cosa manca?

DEVO BUTTARE UN PO' DI COSE!

PRESENTAZIONE UFFICIALE DEGLI ANTRACHINONI

Siamo in viaggio e stiamo alla grande. Nel frattempo abbiamo sgranocchiato qualcosa e bevuto, si sono accumulate bottiglie e cartacce. Possiamo trovare un cestino e buttarle, semplicemente. Il corpo può sbarazzarsi delle tossine e delle scorie allo stesso modo, solo che ha bisogno di un aiuto in più. Nella prima fase la natura ha scelto le primizie per ricordarci come assumere al meglio gli attivi che ci fanno bene, nella seconda fase i macrofagi sono usciti a presidiare i nostri distretti con precisione militare e in questa terza fase i composti antrachinonici (aloina e aloemodina) si occupano di pulire le scorie prodotte riportando l'ordine e ripristinando una pulizia profonda. L'opera di questi spazzini rende il nostro corpo il luogo esatto nel quale vorremmo vivere, perché l'organismo ha imparato come liberarsi dalle sostanze di rifiuto e quello che resta è un perfetto equilibrio. Ma chi sono questi professionisti delle pulizie? Gli antrachinoni sono sostanze irritanti che stimolano la peristalsi intestinale. La loro azione è talmente indiscussa ed evidente da aver attirato l'attenzione di detrattori che a loro volta hanno convinto molte persone circa l'inadeguatezza dei composti antrachinonici. La natura però non si lascia fraintendere e ha quella che nel mondo anglofono verrebbe definita come "big picture", ossia una visione completa. L'azione degli antrachinoni è solo una delle dinamiche promosse dall'Aloe e sarebbe miope pensare che l'azione si concentri solamente sull'intestino. Sono tutti gli organi emuntori (quelli destinati alla depurazione) a trarne enormi benefici: fegato, reni, pelle, polmoni e vasi linfatici. Eliminare totalmente l'aloina è possibile ed è una pratica piuttosto comune, questo perché intervenire sulla materia prima con una lavorazione a mano che permetta di tenerne sotto controllo la concentrazione è più dispendioso. Le persone che si scagliano contro gli antrachinoni possono essere mosse da molte motivazioni, ma sicuramente non hanno il benessere dell'organismo sufficientemente a cuore da indagare meglio sulle sue necessità. È la dose che fa il veleno, diceva Paracelso. È importante che la concentrazione di aloina non superi le 30 parti per milione. Questo è sufficiente a rendere il consumo d'Aloe sicuro non perché inefficace, ma sicuro perché correttamente dosato.

SII COME L'ALOE

L'Aloe ti insegna che per funzionare bene anche a livello personale, non hai bisogno di grandi quantità, ma di grande qualità.

Fai come l'Aloe e circondati di persone molto diverse fra loro.

Scegli quelle simili ai monosaccaridi, che ti fanno ridere e ti danno un'immediata sensazione di energia anche con una sola telefonata. Scegli quelle simili ai polisaccaridi, che formeranno intorno a te una rete in grado di intrappolare preoccupazioni e stress, lasciandoti allo stesso tempo la libertà di rilasciare tossine (emotive) e introdurre nutrimento. Cerca anche amici "antrachinoni", quelli che non ti dicono mai una cosa solo perché vuoi sentirtela dire, quelli che all'apparenza sono un po' cinici, un po' amari, un po' irritanti, ma ti aiutano a rimuovere gli ostacoli e a stare bene in tutti i sensi.

CAPITOLO VI

L'ALOE IN 20 MINUTI

Abbiamo visto come il primo compito dell'Aloe non sia quello di riempire l'organismo di sostanze, ma di ricordi biologici. All'apparenza romantica, questa affermazione in realtà cela il segreto dell'Aloe: un concentrato di pura vita che intende ricordare al corpo quali siano le sue priorità, quali siano i nutrimenti e quali siano i pericoli che potrebbe incontrare lungo il suo cammino, dandogliene un assaggio e fortificandolo. Gli attivi nutrienti sono molti e ancora oggi non tutte le loro interazioni sono state completamente comprese.

SALI MINERALI

Elementi chimici inorganici senza carbonio che intervengono in molti processi chimici e fisiologici. Ne risultano particolarmente carenti gli anziani, le donne durante la gravidanza, le persone che seguono diete ipocaloriche e chiunque assuma farmaci con effetto diuretico.

CALCIO

Essenziale a tutte le età per la buona salute di ossa e articolazioni. La calce (dal latino calx) era già nota e usata dai Romani fin dal I secolo, ma il calcio come elemento è stato isolato in tempi relativamente recenti, ossia nel 1808 da Sir Humphry Davy attraverso il processo dell'elettrolisi.

CROMO

Aiuta a controllare la glicemia e la colesterolemia metabolizzando il glucosio presente nel sangue, poiché se questo si accumula in quantità eccessive può danneggiare seriamente e irreparabilmente il nostro organismo. Oltre al controllo degli zuccheri, il cromo svolge un'azione di stimolo metabolico che permette di migliorare il rapporto fra colesterolo buono e colesterolo cattivo.

FERRO

Il ferro è facilmente rintracciabile in natura, basti pensare che si tratta del decimo elemento più abbondante nell'universo. In alchimia il ferro rappresenta il pianeta Marte esattamente come in astrologia, assumendo dei connotati che simboleggiano la prestanza, la forza fisica e l'aggressività. Questa ultima specifica gli sarebbe attribuita dal suo tradizionale impiego nella fabbricazione di armi. Sul piano più filosofico invece rappresenta la necessità di prestare attenzione al fuoco che abbiamo dentro, "abbracciando" una natura vulcanica che ha poco di razionale. La sua funzione principale è quella della produzione dell'emoglobina, la proteina presente nei globuli rossi che permette di distribuire ossigeno a tutto il corpo. Circa il 70 per cento del ferro presente nel corpo umano è contenuto nei globuli rossi, mentre un altro 10 per cento si trova all'interno della mioglobina, un'altra proteina che ha il compito di fissare l'ossigeno ai muscoli. Il corpo, nella sua intelligenza biologica, tiene il restante 20 per cento per formare una riserva (nel fegato, nella milza, nel midollo osseo e nei muscoli scheletrici) in caso di improvviso e aumentato fabbisogno, come per esempio in seguito a un'emorragia, quando l'organismo si trova a dover produrre una grande quantità di altri globuli rossi.

FOSFORO

Il fosforo che si trova più comunemente ha una forma solida, una consistenza cerosa ed è maleodorante. Nella sua forma più pura invece questo elemento è incolore e ha delle caratteristiche particolari. Si tratta infatti di un non-metallo e non è solubile in acqua, mentre è solubile in solfuro di carbonio. Si infiamma spontaneamente all'aria e genera anidride fosforica. Il suo simbolo alchemico rappresenta una trappola per la luce elementare e per questa ragione indica l'illuminazione spirituale e l'elevazione dell'uomo. Il fosforo è un elemento che entra in gioco per il mantenimento di denti, ossa e cellule, rappresentando da solo più dell'1% del nostro peso corporeo. Può essere definito come un messaggero, infatti si occupa della comunicazione fra cellule ed è coinvolto insieme al ferro nei processi di calcificazione delle ossa in seguito a fratture, riducendo la successiva perdita di calcio.

GERMANIO

Degno ospite dell'Aloe Segreta, anche il Germanio ha molto da svelare. Secondo recenti studi di naturopatia questo minerale migliora l'ossigeno a livello tessutale e rappresenta un potente antiossidante. Ancora oggi non si sa in quale quantità esso sia disponibile all'interno del corpo umano, né quali siano i meccanismi che ne regolano l'assorbimento. A livello biochimico agisce come semiconduttore nel trasporto di elettroni all'interno delle cellule.

MAGNESIO

Il Dr. Rhian Toyuz dell'Università di Montreal, nel "Journal of Hypertension" afferma che "recenti studi dimostrano come diete ricche di magnesio possano favorire la riduzione della pressione sanguigna, specialmente fra gli anziani". Il magnesio aiuterebbe le cellule muscolari a rilassarsi, incluse quelle del cuore. Una carenza di magnesio è stata collegata a disfunzioni cardiache, battito irregolare e palpitazioni. Curiosamente il magnesio fu ottenuto per la prima volta sotto forma di amalgama nel 1808 da Sir Humphry Davy (sì, lo stesso dell'elemento "calcio". Il 1808 è stato un buon anno per Sir Davy).

MANGANESE

Quando pensiamo ai minerali, solitamente i primi che vengono in mente sono calcio e ferro. Il manganese fa parte di quelli che ricordiamo come ultimi in un'ipotetica lista, ma il suo ruolo è altrettanto fondamentale. Conosciuto già nella preistoria (compare addirittura in alcune scene delle pitture rupestri), il manganese veniva impiegato anche da Egizi e Romani per la fabbricazione e colorazione del vetro. Dobbiamo ringraziare lo specialista francese Bertrand, il primo ad accertare nel 1912 l'inequivocabile coinvolgimento del manganese nelle funzioni vitali dell'organismo umano. Il manganese viene normalmente utilizzato oggi nella produzione dell'acciaio; il suo diossido veniva utilizzato nei primi tipi di pile e batterie, mentre il suo ossido è un pigmento marrone che compone le terre naturali comunemente impiegate nel make-up, come la terra di siena. Un'esposizione continua al manganese può provocare effetti particolari come allucinazioni, irritabilità e comportamenti violenti: questa conclusione ha portato all'identificazione della "pazzia da manganese" ed è stata osservata nei minatori incaricati della sua estrazione. I Paesi più ricchi di manganese sono l'Ucraina e il Sudafrica, seguiti da Cina, Messico, Burkina Faso, Australia e Stati Uniti.

Nel 1930 alcuni ricercatori hanno riscontrato come il nostro organismo necessiti di una piccola quantità di manganese ogni giorno per funzionare correttamente. Esso è coinvolto nella produzione di ossa, ma anche del benessere della pelle. Insieme al suo "collega" (l'enzima prolidasi), è attore della sintesi del collagene, oltre a supportare l'epidermide proteggendola dai raggi UV. Il suo ruolo è fondamentale nella glicogenesi, un processo per il quale sostanze come aminoacidi o acidi organici vengono trasformate in zuccheri.

POTASSIO

Coinvolto in numerosi processi metabolici insieme al sodio, questo minerale è co-responsabile del presidio idrico del nostro organismo, trasportando sostanze dalle cellule verso l'esterno e viceversa. Controlla la pressione arteriosa e la regolarità del battito, oltre a preservare la salute del sistema neurologico. In alcuni Paesi del mondo si ritiene che i cristalli di potassio abbiano effetti rassodanti e tonificanti sulla pelle.

RAME

Uno dei simboli attraverso i quali viene espresso il rame nella pratica alchemica è quello di Venere. Il rame, femminile, si contrappone al maschio ferro (legato a Marte). Questo metallo ha un'elevata conducibilità termica ed elettrica: possiamo affermare con certezza che sia il metallo più antico utilizzato dall'uomo. Sono stati repertati dei manufatti in rame risalenti addirittura all'8.700 a.C. in seguito a scavi archeologici che hanno portato alla luce dei luoghi di culto associati alla dea Afrodite. La motivazione di questo legame è prima di tutto tecnica: grazie alla sua bellezza brillante è stato utilizzato in antichità per la produzione di specchi e associato a Cipro, dove veniva estratto, luogo sacro alla dea dell'amore. Il rame rappresenta la femminilità, la cura materna, l'amore e l'equilibrio. Nonostante il vissuto "romantico", il rame ha saputo rendersi utile nella costruzione di armi rudimentali e attrezzi di uso comune nella vita preistorica, collegando alla delicatezza femminile anche un'anima utile e pratica. Il costume di portare braccialetti di rame al polso per combattere le manifestazioni reumatiche e prevenire le infezioni venne introdotto circa 6.000 anni a.C. dai Caldei. Oggi sappiamo che questo elemento svolge un ruolo di primaria importanza anche per le funzioni che espleta all'interno del nostro organismo. Senza di lui l'intestino avrebbe una grande difficoltà nell'assimilare il ferro (di nuovo, ecco il completamento di femminile/maschile), il corpo avrebbe un alleato in meno per la disintossicazione e i radicali liberi sarebbero... liberi di danneggiare le nostre cellule. Una curiosità: il rame sembra essere coinvolto nei processi psicologici che danno stimolo a sogni e fantasia, risultando un ottimo alleato anche contro la depressione.

SELENIO

Il suo nome deriva dal greco σελήνη, selene, che vuol dire "luna". Questa denominazione ha una storia piuttosto affascinante perché deriva dal suo comportamento quando viene fuso. Se si procede facendolo raffreddare rapidamente, forma una massa che ha uno splendore metallico simile a quello dell'argento, cui gli alchimisti davano il simbolo e il nome di luna. Il selenio, scoperto nel 1817 da Jons Jacob Berzelius, viene anche utilizzato per decolorare il vetro, ma anche nell'industria della riproduzione per fotocopia. Nel settore della fotografia serve ad estendere il campo di tonalità delle stampe in bianco e nero e per aumentare l'intensità dei toni o la permanenza delle immagini. All'interno del nostro organismo il selenio è necessario per il corretto funzionamento di un meccanismo antiossidante, la glutatione perossidasi. Il selenio aiuta a contrastare gli effetti dei radicali liberi ed è coinvolto nell'eliminazione dei metalli pesanti che possono inibire la nostra risposta immunitaria. Esso gode inoltre di un'ottima fama riguardo alle sue proprietà antinfiammatorie e disintossicanti, ma è anche in grado di intervenire nei processi di aggregazione piastrinica, risultando un elemento più che valido per prevenire malattie coronariche.

SODIO

Un elettrolita fondamentale che si trova in tutti i fluidi corporei, con una concentrazione massima nel sangue e nel liquido intracellulare. Il sale è stato aggiunto da Paracelso come terzo elemento alchemico per rappresentare la tangibilità, che andava ad associarsi a zolfo (simbolo di combustione) e mercurio (la volatilità). Il sodio è molto reattivo. Il metallo puro è conservato sotto cherosene poiché a contatto con l'acqua, sulla quale galleggia, subisce un processo di autocombustione. Il simbolo del sodio è Na, derivato da due possibili etimologie: il latino natrium o l'arabo natrun, entrambe riferite al sodio carbonato. Nel corpo regola i fluidi, ma la sua presenza nella vita di tutti i giorni non è solo organica. Pensiamo al "sale della vita", tutte le sensazioni e le persone straordinarie che insaporiscono la dieta emotiva quotidiana.

ZINCO

Lo zinco è un metallo piuttosto reattivo che si combina con l'ossigeno e altri non-metalli reagendo con acidi diluiti per rilasciare idrogeno. Esso è un elemento affascinante tanto caro agli alchimisti, che preparavano la lana del filosofo attraverso la combustione dello zinco con l'aria. Pare che la lana risultante, chiamata anche "nix alba" (neve bianca), abbia ispirato nientemeno che la fiaba di Biancaneve. I sette nani rappresenterebbero sette pianeti, Biancaneve sarebbe lo zinco, la strega cattiva come trasposizione fiabesca degli acidi e, non per ultimo, il principe azzurro. Questo diventa l'occasione della materia per elevarsi, unendosi allo zinco per produrre una re(l)azione ancora più nobile.

Nel corpo umano lo zinco svolge un importante ruolo di "attivatore enzimatico", poiché funziona come un addetto alle pubbliche relazioni fra cellule, incentivandone dialogo e reazione. Una sua carenza o mancanza all'interno della dieta quotidiana riduce la normale capacità immunitaria. Questo elemento è spesso presente nei trattamenti contro l'acne o l'artrite poiché blocca la produzione di istamine, responsabili della risposta infiammatoria dell'organismo. Il loro compito è quello di contrastare un problema, ma quando la loro azione si protrae troppo a lungo, il processo di guarigione viene rallentato. Due curiosità: questo microelemento sembra essere correlato all'attività sessuale maschile, poiché una sua diminuzione è direttamente proporzionale alla diminuzione riscontrata nel numero di cellule spermatiche del liquido seminale.

PROVITAMINA A

(BETACAROTENE)

La vitamina A si può definire come la madre di tutte le vitamine, in quanto è stata la prima a essere scoperta nel 1913. In natura si trova in due forme diverse: la vitamina A, conosciuta come retinolo, si trova maggiormente negli alimenti di origine animale ed è correlata alla promozione di una corretta capacità visiva e al tono compatto della pelle. La provitamina A invece è un precursore della vitamina A, che a sua differenza, assume una forte connotazione antiossidante. La provitamina A viene anche chiamata Betacarotene e si trova in frutta e verdura di colore giallo-arancio. Ancora oggi è la scelta delle case cosmetiche più attente, poiché il suo inserimento in una formulazione garantisce un'attività rigenerante e antinvecchiamento. Può essere interessante la proprietà che alcuni studi sembrano attribuire alla provitamina A: quella di inibire la formazione di (dolorosissimi) calcoli.

VITAMINE DEL GRUPPO B

Nell'Aloe non mancano le vitamine del gruppo B, tutte assimilabili sotto la comune voce di "energia", ma ciascuna diversa e importante a modo suo.

La **vitamina B1** è coinvolta nella trasformazione del glucosio in energia e la sua carenza lascia il corpo spossato (fino ad arrivare a una malattia che prende il nome di beriberi, con una sintomatologia che spazia dalla debolezza acuta fino ad attaccare il sistema nervoso e quello cardiocircolatorio).

La **vitamina B2** o Riboflavina è un potente antiossidante idrosolubile naturale che protegge l'organismo dal (continuo) attacco dei radicali liberi, ma limita anche le "scorie" che l'organismo produce con la respirazione cellulare. Essa è indispensabile nel trattare soggetti anemici, poiché il ferro integrato non risulterebbe assimilabile senza la sua presenza.

La **vitamina B3** o Niacina sembra essere ancora oggi la migliore alleata contro la guerra al colesterolo cattivo. Ha un'ottima azione vasodilatatrice che permette al sangue di circolare meglio, promuovendo così la "pulizia generale": potremmo pensare alla differenza fra l'acqua stagnante di una pozza e, grazie al suo aiuto, l'acqua veloce di un torrente. Gli elementi nutritivi vengono trasportati in tutto il corpo con maggiore efficienza, mentre le scorie non hanno modo di sedimentare e ostruire le vene.

La **vitamina B6** o Piridossina è indispensabile nella duplicazione cellulare, nel metabolismo di acidi nucleici e proteine. In termini più pratici essa è un'impiegata "assegnata al controllo qualità", poiché è direttamente coinvolta nello scambio di informazioni elettriche del sistema nervoso sia centrale che periferico.

La **vitamina B9** o Acido folico controlla la sintesi proteica. Partecipa a svariati processi metabolici cellulari e ha una funzione cardine nella sintesi proteica. Si può definire come un caposquadra che comanda altri composti, i folati, presenti in natura nelle piante a foglia verde. Poiché l'Acido folico rafforza la cellula nel momento della sua divisione e della creazione di altre cellule, la sua integrazione è spesso consigliata durante la gravidanza per prevenire malformazioni fetali, soprattutto a carico di encefalo e midollo spinale. Ricerche americane condotte negli anni '80 hanno evidenziato come il livello di vitamina B9 fosse particolarmente basso nei fumatori: massicce dosi di Acido folico sembrerebbero risultare efficaci nella riduzione di lesioni a carico dell'apparato bronchiale, seppur un'introduzione esagerata di questa vitamina potrebbe avere un carattere di disturbo nella capacità neuromotoria.

La **vitamina B12** o Cianocobalamina è il tonico energizzante per eccellenza. Non manca mai negli integratori che offrono un sostegno contro la stanchezza fisica e mentale, poiché svolge un ruolo primario nel metabolismo dei tessuti nervosi. Essa ha inoltre la proprietà "più segreta" di contrastare gli effetti dannosi dei solfiti, conservanti alimentari quasi onnipresenti nei vini e in molti alimenti, che provocherebbero sintomi come mal di testa e spasmi.

VITAMINA C

La vitamina C o Acido ascorbico è un antiossidante naturale che inibisce la reattività dei radicali liberi responsabili dell'invecchiamento cellulare ai danni dei globuli bianchi. Questi ultimi, com'è noto, sono responsabili delle difese immunitarie e del tempo di guarigione che il corpo "investe" per superare una malattia. La vitamina C favorisce inoltre l'assorbimento del ferro nell'intestino crasso e partecipa come la tessera di un puzzle nella produzione di collagene, la proteina che forma la gran parte di ossa, pelle e cartilagini.

VITAMINA E

La vitamina E o Tocoferolo è famosa per essere un ottimo antiossidante naturale, ed è stata la prima a svelare i suoi meccanismi d'azione anti radicali liberi ai ricercatori. La vitamina E svolge un ruolo di coordinatrice di diverse sostanze, migliorandone le prestazioni biochimiche. La sua attività può innalzare la percentuale di colesterolo buono, mentre la sua mancanza può provocare una perdita nella velocità dei riflessi, una ridotta massa muscolare, un'attività motoria più difficoltosa. Sembra inoltre che riesca a produrre dei meccanismi in grado di proteggere le membrane cellulari rendendole meno vulnerabili agli attacchi di germi e virus.

FOSFOLIPIDI

(COLINA E INOSITOLO)

La Colina produce una migliore fluidità delle membrane cellulari, libere così di cedere all'esterno le sostanze di scarto e di assumere elementi nutritivi, costituendo allo stesso tempo un elemento di migliore elasticità per vene e arterie. L'Inositolo invece è un fosfolipide conosciuto per essere un naturale inibitore del colesterolo e dei trigliceridi alti. Spesso viene somministrato come integratore per supportare la gestione di ansia e insonnia, poiché agisce come regolatore della pressione arteriosa a vantaggio del contenimento di questi disturbi e come prevenzione delle malattie a carico del sistema cardiovascolare.

STEROLI VEGETALI

Gli steroli sono una classe di composti chimici appartenente agli steroidi, la cui molecola base è detta sterolo. Nonostante la parola steroidi rimandi a sportivi in odore di doping, il termine si riferisce a sostanze organiche contraddistinte da una struttura complessa, presenti naturalmente alla base di molti ormoni e acidi biliari. Gli steroli delle piante sono chiamati fitosteroli: agiscono come i "cugini" chimici (cortisolo o cortisone) producendo un'attività antinfiammatoria, che tuttavia espletano senza effetti indesiderati e in una concentrazione molto più contenuta.

ENZIMI

Sono i responsabili dell'agevolazione di reazioni chimiche e biochimiche. Il loro intervento aiuta le molecole a "rompere" i loro legami creandone di nuovi. Uno degli esempi pratici più importanti dell'attività enzimatica è quella della saliva: il suo scopo è quello di scomporre il cibo il più possibile sostenendo il meccanismo della masticazione e di "avvilupparlo" in modo da facilitarne il transito verso lo stomaco. Si può definire a tutti gli effetti una stazione di pre-digestione, senza la quale la seconda area di intervento (quella dello stomaco con i suoi succhi gastrici) sarebbe costretta a un super lavoro. Nell'Aloe troviamo una folta lista di enzimi: l'enzima Amilasi contenuto nella saliva; l'enzima Bradichinasi che si inserisce nel complesso sistema del dolore come analgesico naturale; l'enzima Carbossipeptidasi che all'azione analgesica unisce quella cicatrizzante; l'enzima Catalasi che scinde velocemente il perossido di idrogeno, una sostanza intermedia del metabolismo cellulare e altamente tossica per le funzioni vitali; l'enzima Cellulasi che favorisce la pre-digestione del cibo, l'enzima Creatina fosfochinasi che garantisce il necessario apporto nutritivo ai muscoli; l'enzima Fosfatasi che è strettamente correlato al processo di calcificazione ossea (un suo valore eccessivamente alto può essere indice di rachitismo nel bambino o malattie a carico dell'apparato scheletrico nell'anziano); l'enzima Proteasi che rende disponibili gli aminoacidi essenziali e secondari, "i mattoncini" che costituiscono le proteine e che più in generale costruiscono il nostro benessere; l'enzima Lipasi invece è lo specialista della digestione dei grassi, controlla il buon funzionamento delle attività promosse dalla coppia fegato-bile e in generale fa la guardia al sangue, controllando che i grassi non si depositino sulle pareti di vene e arterie ostacolandone il flusso. È interessante notare come l'assunzione di Lipasi prima dei pasti principali migliori la digestione lipidica degli alimenti ingeriti, mentre se si assume a una certa distanza dai pasti questo enzima lavora sui tessuti adiposi. Gli ultimi due enzimi, ma nuovamente non per importanza, sono prodotti dal citoplasma e dai mitocondri di fegato e muscoli, soprattutto dal cuore. È con questo termine che si indica l'accertamento diagnostico volto a conoscere la quantità di enzimi presenti nel sangue, per offrire al medico la possibilità di valutare lo stato di salute. Valori molto alti protratti nel tempo indicano la presenza di un problema a carico del fegato o "l'inquinamento" farmacologico che può promuovere lesioni ai danni del tessuto epatico.

LIGNINA

Viene definita come una sostanza amorfa, ma il termine non le rende merito. Essa ha la caratteristica di penetrare a fondo nella pelle quando si tratta di un impiego per uso cosmetico, ma svolge un ruolo importante anche attraverso l'assunzione sistemica di un succo puro d'Aloe. Contribuisce alla corretta formazione delle feci, ricoprendo un ruolo necessario soprattutto nei casi in cui venga a mancare un equilibrio intestinale, sia a livello di stipsi che di diarrea.

SAPONINE

Le saponine sono sostanze che svolgono un'azione detergente e antisettica, caratteristiche che le rendono necessarie per sviluppare una corretta purificazione.

AMINOACIDI

Le proteine rappresentano dal 15 al 20% del peso corporeo umano medio. La quantità in cui esse sono presenti influisce su un vasto numero di parametri: basti pensare che in una sola settimana senza proteine si può vedere la massa muscolare ridotta, un inferiore diametro del capello, una maggiore fragilità generale. Le proteine sono costituite dagli aminoacidi, conosciuti e riconosciuti come "i mattoncini" che le compongono. Questo gruppo si divide in aminoacidi essenziali, non-essenziali e semi-essenziali.

Gli **aminoacidi essenziali** sono quelli che l'organismo non è in grado di sintetizzare in autonomia e che si trova a dover introdurre attraverso una dieta bilanciata. Gli aminoacidi essenziali dei quali un adulto ha bisogno sono otto (e sette di questi si trovano nell'Aloe): fenilalanina, isoleucina, leucina, lisina, metionina, treonina e valina. Per un bambino invece gli aminoacidi essenziali sono dieci: ai precedenti si sommano anche taurina e cisteina.

La **Fenilalanina** stimola l'attività mentale, sessuale e quella che secerne gli ormoni. Si è notato il suo ruolo inibitore nella scomposizione di alcune sostanze contenute nel cervello, le encefaline, con proprietà simili a quelle degli oppiacei. Si deduce quindi che sia anche un valido supporto nella gestione del dolore cronico.

L'**Isoleucina** è un supporto per chi fa sport, in quanto è coinvolta con la produzione di energia o la costruzione di una sua "riserva".

La **Lisina** svolge un'azione di supporto immunitario.

La **Metionina** contribuisce alla riduzione dei grassi nel fegato e in tutta la rete circolatoria. È particolarmente indicata per prevenire ed evitare ostruzioni nelle vene e nelle arterie.

La **Treonina** opera a livello epatico metabolizzando le complesse catene lipidiche, "spezzandole" e rendendole facili da espellere attraverso il sistema urinario.

La **Valina** possiede proprietà glicogeniche: essa rappresenta una fonte essenziale di riserve energetiche per fegato e muscoli. Grazie alle sue speciali ramificazioni, questo aminoacido (insieme a Isoleucina e Leucina) rende maggiormente disponibili le riserve di azoto, coinvolto nella sintesi proteica.

Gli **aminoacidi non-essenziali** sono quelli che, in condizioni normali, l'organismo è in grado di sintetizzare in autonomia e in quantità adeguate. Quelli presenti nell'Aloe sono nove, rispetto ai dodici necessari per il benessere: acido aspartico, acido glutammico, alanina, L-arginina, asparagina, glicina, glutammina, prolina e serina.

L'**Acido aspartico** viene utilizzato negli stati di affaticamento cronico ed è coinvolto nella trasformazione dei carboidrati in energia.

L'**Acido glutammico** può essere considerato un carburante cerebrale, oltre a essere un detossificante per i muscoli quando si trovano a produrre molta ammoniaca (è il caso degli sportivi).

L'**Alanina** lavora in cooperazione con il trio Isoleucina, Leucina e Valina per mettere a disposizione del muscolo un supporto energetico da utilizzare immediatamente, ma si ritiene che abbia anche un ruolo di induzione nella risposta immunitaria.

La **L-Arginina** è ampiamente utilizzata da chi vuole crescere in massa muscolare. Nell'Aloe svolge un ruolo importante nei processi di cicatrizzazione.

L'**Asparagina** è necessaria per il metabolismo dell'alcol e si può ritrovare nei preparati da banco formulati per contrastare l'astenia o gli effetti di lunghe convalescenze.

La **Glicina** è una fonte primaria di creatina, la proteina che insieme all'ATP (Adenosintrifosfato) trasforma le sostanze nutritive che assimiliamo in energia e la veicola a tutto il nostro corpo.

La **Glutammina** partecipa al processo di rallentamento dell'invecchiamento ed è utile come aiuto nel contrastare la depressione. Molto simile all'Acido glutammico, anch'essa svolge un ruolo essenziale nel benessere psico-fisico.

La **Prolina** si mette al servizio dell'organismo come un ingegnere edile e costruisce cartilagini, ossa, vasi sanguigni, articolazioni e cute. Dopo aver partecipato alla costruzione, non resta in disparte: controlla la loro buona salute e la funzionalità. Possiamo immaginare che rimanga nei paraggi per incitare "gli operai" a lavorare di più, infatti è responsabile dell'accelerazione nei processi di guarigione delle ferite.

La **Serina** è l'aminoacido che costituisce più del 30% della sericina, la proteina principale della seta. È facile comprendere come all'interno del nostro organismo questo aminoacido non-essenziale aiuti la pelle a rimanere idratata e setosa.

- SALI MINERALI
- CALCIO
- CROMO
- FOSFORO
- GERMANIO
- MANGANESE
- MAGNESIO
- POTASSIO

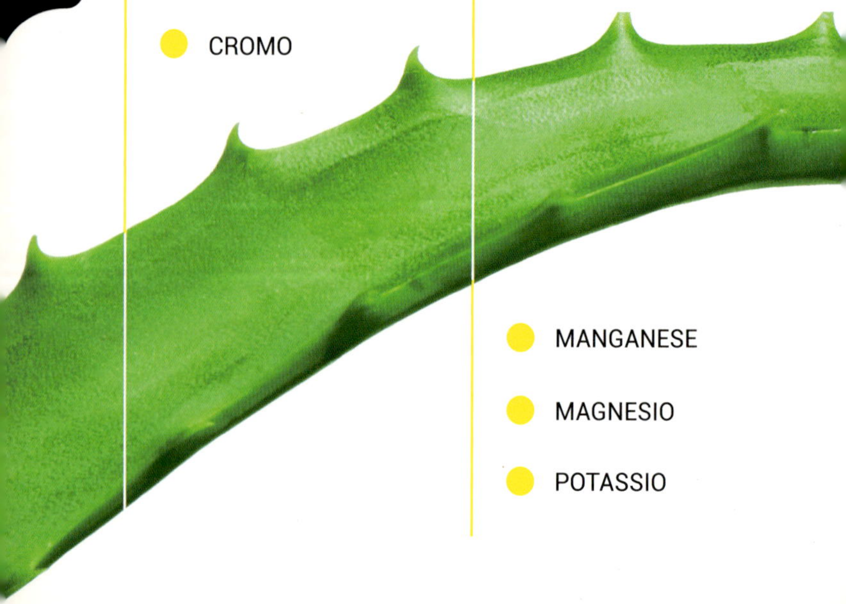

Gli **aminoacidi semi-essenziali** sono quelli che, in condizioni normali, l'organismo è in grado di sintetizzare in autonomia partendo da Fenilalanina e Metionina, dando per scontato che siano presenti in quantità adeguate. Si tratta della Cisteina e della Tirosina.

La **Cisteina** è il cecchino che "spara" contro i radicali liberi, proteggendo e fortificando le membrane cellulari dagli attacchi esterni. Sembra che questo meccanismo selettivo sia in grado di aumentare l'aspettativa di longevità.

La **Tirosina** agisce in modo simile alla Glutammina e le sono attribuite attività in grado di inibire lo stress, promuovendo la risposta adattogena (la capacità dell'organismo di, appunto, adattarsi a diverse situazioni).

- SODIO
- RAME
- SELENIO
- LIGNINA
- SAPONINE
- AMINOACIDI
- ZINCO
- VITAMINE A, B, C, E
- FOSFOLIPIDI
- ENZIMI
- STEROLI VEGETALI
- FERRO

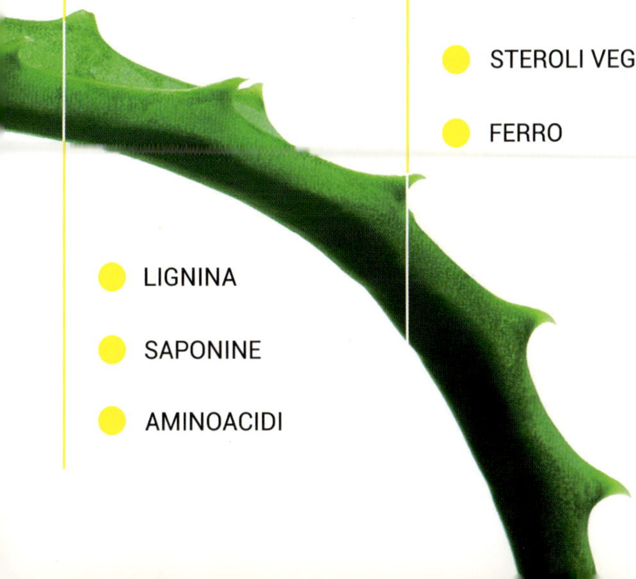

CAPITOLO VII

BIO(IL)LOGICO

Mentre tutti sono d'accordo in merito alla multi-efficacia dell'Aloe, non si può dire lo stesso quando l'argomento è "biologico sì, biologico no". Apparentemente la scelta sembra sbilanciata: biologico sì, ovviamente. Questo volume però vuole approfondire i meccanismi che generano scelte strategiche, produttive e commerciali, lasciando al lettore la possibilità di trarre le sue conclusioni.

Abbiamo visto come l'Aloe abbia creato per se stessa dei meccanismi di difesa: dalla forma al sapore, ha un arsenale di dissuasori nei confronti di animali, agenti esterni e batteri. Per questa ragione necessita di per sé di pochissime sostanze di controllo, rendendo debole il discorso "utilizziamo pochi pesticidi". Non è bravura, o meglio lo è, ma della natura e non dei produttori. Sembra un pensiero particolarmente irriverente e forse non incontrerà il favore di molti, ma la nostra considerazione a questo punto è che, certificate o meno, le piantagioni di Aloe vera siano per loro stessa natura "biologiche".

In Italia un prodotto può essere considerato "bio" quando proviene da piantagioni biologiche e viene accolto in un laboratorio che rispetta i requisiti standard (si parla soprattutto di detergenti amici della natura con i quali vengono regolarmente puliti i macchinari adibiti alla manipolazione della materia prima o del prodotto). Fin qui è tutto sotto controllo! Il momento della lavorazione è molto più spinoso, non soltanto perché stiamo parlando di Aloe. Abbiamo scoperto precedentemente come sodio benzoato e potassio sorbato siano gli unici conservanti in grado di stabilizzare la materia prima e mantenerla nelle sue migliori condizioni a lungo. Purtroppo questi due conservanti, dobbiamo aggiungere di ampio e comune uso, non sono accettati dalle normative mondiali riguardanti il biologico.

Il paradosso è palese: da una parte abbiamo un'Aloe rispettata, attiva in ogni suo ingrediente, non filtrata a carboni e non pastorizzata che però non può fregiarsi della parola "biologico". Dall'altra parte assistiamo alla proliferazione di prodotti nei quali l'Aloe presente è stata potenzialmente "maltrattata", pastorizzata, filtrata a carboni, privata di componenti importanti. Paradossalmente questa "Aloe mutante" viene inserita in un contenitore sterile e può definirsi "bio". O meglio, l'Aloe non vorrebbe definirsi così una volta privata della sua naturale attività, ma ci pensano altri a etichettarla così.

L'opinione di chi scrive è che la quantità di conservanti necessaria per stabilizzare un'Aloe viva sia così infinitesimale e trascurabile per la salute dell'organismo tale da non rendere nemmeno plausibile il problema della scelta. A volte, magari condizionati da idee diffuse, teniamo maggiormente a rispettare l'idea che abbiamo della natura invece di rispettare la natura stessa, ma la conoscenza apre le porte a scelte personali consapevoli e mature.

CAPITOLO VIII

COME SCEGLIERE L'ALOE DA BERE

PRIMA DEL SUCCO PURO

I consumatori affezionati di Aloe spesso ignorano un fatto determinante riguardo alla sua assunzione: all'inizio di ogni ciclo l'organismo, generalmente, fatica ad assorbire tutti i nutrienti perché l'Aloe agisce come una sveglia biologica che può lasciare il corpo disorientato. Naturalmente il processo di benessere innescato dall'Aloe vera risiede proprio in questa capacità dell'organismo di assimilare tutti gli insegnamenti che ogni singolo ingrediente, in sinergia con gli altri, porta con sé - ma è un processo che richiede tempo. Solo poche aziende al mondo hanno intuito quanto fosse importante per i consumatori, sempre più attenti all'ottimizzazione di un trattamento, avere accesso a una fase preparatoria. Un precursore dell'Aloe a base di... Aloe che rivestisse il ruolo dell'amico che presenta un estraneo in modo oggettivo, ma facendo sì che le sue caratteristiche positive vengano subito messe in evidenza.

Pensiamo a un amico che ci introduce a una persona. Forse avremmo fatto amicizia lo stesso, ma la presentazione ha fatto in modo che entrambi potessimo conoscere già il meglio dell'altro, "preparando" letteralmente il terreno per un bel rapporto. Un'Aloe preparatoria ha la stessa funzione di quell'amico: scioglie le resistenze che l'organismo mostra nei confronti dell'assunzione (e al conseguente assorbimento) di qualcosa di molto complesso, facilitandone il processo. Lo scopo è quello di non rinunciare alla qualità di un Succo Puro d'Aloe, né di limitarne gli attivi contenuti. Quello che serve è un tramite, un veicolo per permettere loro di raggiungere ogni distretto del corpo umano. Come? L'Aloe vera viene concentrata due volte, senza pastorizzazione né filtraggio a carboni, ottenendo il succo migliore in natura. A questo si aggiunge il pacchetto EasyAbsorb: miele, Rednite™, mirtillo e shiitake. Il miele predispone l'organismo all'assorbimento dei principi attivi poiché si presenta come un messaggero nutrizionale in grado di rassicurare il corpo. Rednite™ è un estratto naturale di barbabietola rossa che facilita l'assimilazione dei nutrienti

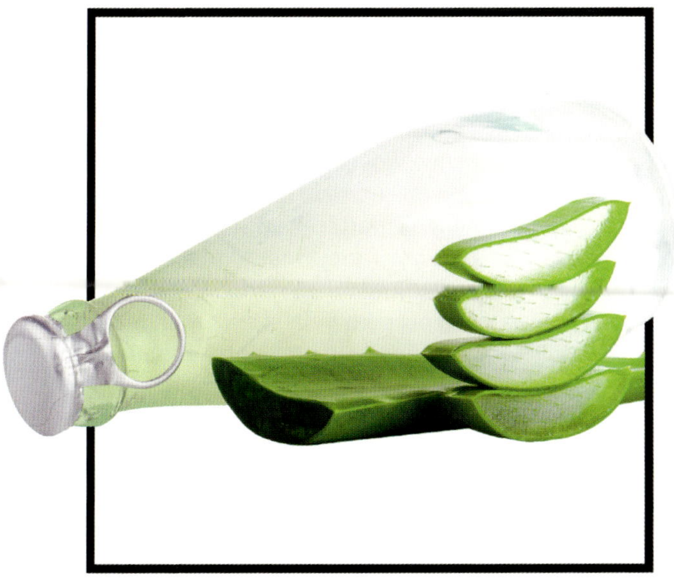

a livello intestinale ed esercita un'attività vasodilatatoria. La formula preparatoria si completa con mirtillo per favorire la microcircolazione anche nelle aree periferiche più difficili da raggiungere e shiitake, un fungo sempre più diffuso e conosciuto grazie alle sue virtù salutistiche: ricco di polisaccaridi, esso è considerato un alleato del sistema immunitario. Con un'adeguata preparazione che potrà seguire uno schema preciso di assunzione (per esempio dal lunedì al venerdì con uno stacco durante il weekend), l'organismo sarà pronto per aprire le porte al succo puro, già opportunamente presentato "dall'amico precursore".

IL SUCCO PURO

Abbiamo visto come un succo puro, per essere considerato tale dal lettore che non si accontenta della definizione su un'etichetta, debba essere non solo privo di acqua aggiunta, ma necessiti anche di essere rispettato durante il processo di lavorazione. Se un succo viene privato della sua parte naturale di aloina solo per giustificare una facilitazione nell'estrazione, allora significa che il formulatore non ha a cuore né la pianta né il benessere dei suoi consumatori. Considerando i meccanismi delicati che stabilizzano una materia prima così viva (ved. capitolo "Aloe da trattare con rispetto"), il consiglio è quello di limitare la lavorazione casalinga e affidarsi ad aziende serie in grado di offrire un prodotto sicuro ed efficace. Ci sono tre valide ragioni per affidarsi a formulatori capaci e astenersi dalla produzione propria. La prima motivazione è che l'Aloe desidera crescere e maturare in piantagioni estese e climi corretti: il balcone di casa sembra non rispettare nessuna delle due condizioni. La seconda motivazione è che l'Aloe ha un carattere curioso e goloso, quindi per sua natura assorbe ciò che la circonda, includendo smog e batteri. La terza motivazione riguarda le difficoltà a tenere sotto controllo la concentrazione di aloina e stabilizzare il succo. Talvolta i preparati casalinghi a base d'Aloe possono ospitare una contaminazione microbiologica non percepibile a livello organolettico, ma presente e potenzialmente rischiosa.

IL SUCCO PURO PER CHI LAMENTA CARENZE ENERGETICHE

Per sua natura l'Aloe aiuta l'organismo a purificarsi, espellendo le sostanze sgradite che si accumulano giorno dopo giorno. Può accadere infatti che la sensazione di spossatezza, difficoltà a concentrarsi e in generale una carenza energetica siano problematiche riconducibili (anche se non direttamente) a un surplus di tossine. Per sostenere maggiormente il corpo nei periodi in cui è particolarmente debilitato è utile associare all'Aloe le virtù di pappa reale e vitamine del gruppo B per contribuire alla riduzione della stanchezza fisica e mentale.

IL SUCCO PURO PER CHI LAMENTA SEGNI DELL'INVECCHIAMENTO

Un organismo in equilibrio riesce ad affrontare il continuo attacco dei radicali liberi, responsabili dell'invecchiamento che si vede (pelle spenta, disidratata o segnata da rughe più o meno profonde) e si percepisce (minore lucidità, maggiore difficoltà a ricordare nomi di oggetti comuni, svogliatezza, mancanza di interesse nel compimento di azioni quotidiane, peggioramento della digestione e stanchezza fisica).

Le abitudini scorrette di ogni giorno possono "incentivare" l'attività dei radicali liberi, rendendo l'organismo un bersaglio più facile da attaccare. In questo caso è importante associare al succo puro d'Aloe anche un pool benefico che funzioni come una rete di sostegno. Segnaliamo 7 super frutti, sempre più conosciuti in tutto il mondo, con attività diverse e tutte significative: maqui, açaì, mangostano, noni e goji svolgono un'azione antiossidante; camu-camu come risorsa naturale per aumentare le difese; maca per un effetto tonico-adattogeno. Questo termine si riferisce a tutte le sostanze in grado di fornirci un codice per disinnescare tutte le reazioni allo stress (di varia natura e diversa entità) che ci condiziona e ci ostacola nelle attività, permettendoci di essere più resilienti e, appunto, adattare meglio corpo e mente alle situazioni che ci troviamo ad affrontare.

UNA FORMULA SEMPRE PIÙ FAMOSA: ALOE ARBORESCENS, MIELE E BRANDY

Numerosi missionari in tutto il mondo si sono trovati (e si trovano ancora) a dover affrontare problematiche complesse con pochissimi mezzi a disposizione. Il loro operato si è sparso velocemente insieme a una ricetta con la quale trattare problematiche complesse ritenute "gravi". I missionari si sono occupati di tramandare la ricetta come segreto salutistico, senza però indagarne il meccanismo. Il grado di convinzione e fiducia nell'efficacia della natura non trova l'appoggio della comunità scientifica, che giustamente deve tutelare i pazienti da false speranze. Tuttavia sono sempre di più le ricerche riguardanti gli effetti quanto meno benefici dell'assunzione combinata di Aloe arborescens, miele e brandy.

Qualsiasi persona appassionata al mondo del naturale conosce questa ricetta: come spesso accade quando si fa di necessità virtù, quello che poteva apparire come un rimedio poco sofisticato, in realtà nascondeva un segreto di benessere che oramai è alla portata di tutti, grazie alla lungimiranza di pochissime aziende al mondo che hanno ottenuto una formula tanto antica nella qualità "primitiva" quanto avanzata per quanto riguarda lo standard di sicurezza. Se l'Aloe vera biologicamente viva è difficile da stabilizzare e rendere sicura con una lavorazione casalinga, l'Aloe arborescens ha bisogno di ulteriori attenzioni. Golosa di nutrienti, che assorbe avidamente dall'esterno, l'Aloe arborescens coltivata sul balcone di casa può risultare inquinata, le sue foglie sottili sono difficili da sfilettare (con conseguente sbailancio di antrachinoni in percentuale) e la dose di brandy o distillato potrebbe non essere opportunamente calibrata. Scegliere una formula derivata dall'impegno della Ricerca è la soluzione migliore per avere accesso a una ricetta che tratti l'organismo con una sinergia primordiale.

Data l'elevata concentrazione di principi attivi, l'Aloe arborescens ha significative virtù salutistiche ed è utile per depurare a fondo l'organismo anche nei periodi di maggiore debilitazione, ma questa attività non sarebbe espletata in modo completo senza il lavoro di squadra di miele e brandy.

Il miele non è solo il nutriente per eccellenza: esso viene percepito dal corpo come una sostanza amica, consentendo un assorbimento senza riserve degli attivi ai quali si lega. Un minimo contenuto di brandy (stiamo parlando di poche gocce disciolte in mezzo litro), invece, è sufficiente a promuovere un effetto vasodilatatorio che funziona come una corsia preferenziale lungo la quale inviare il messaggio di salute dell'Aloe arborescens.

Nella cultura sudamericana si tramanda questa ricetta, che riportiamo per informazione

- Mezzo chilo di miele d'api (miele biologico di acacia)

- 40-50ml (circa 6 cucchiai) di distillato Brandy, Grappa, o Cognac

- 350-400gr di foglie di Aloe arborescens.

La ricetta originale prevede di togliere le spine dalle foglie e frullarle intere, insieme a miele e distillato. Le foglie devono provenire da un'Aloe sana e matura che abbia non meno di quattro anni d'età. Il composto andrebbe versato in un barattolo chiuso e tenuto in frigorifero. Il consumo tradizionale prevede un cucchiaio da tavola mezz'ora prima dei tre pasti principali.

L'aloina contenuta nella parte esterna può, ad avviso di chi scrive, causare diversi disagi poiché nella lavorazione casalinga non è possibile verificarne la concentrazione.

CAPITOLO IX

COME SCEGLIERE L'ALOE NEI COSMETICI

SENZA ACQUA AGGIUNTA

I comuni cosmetici contengono una quantità di acqua che si aggira fra il 50 e l'80%. Questa tipologia di eccipiente, che ospita componenti idrosolubili, prende il nome di "acqua libera". Anche se tecnicamente siamo portati a pensare che l'acqua per sua natura idrati, in un cosmetico può rappresentare una piccola aggressione quotidiana. L'acqua tende a "lavare via" la flora batterica naturalmente presente sull'epidermide, intaccando anche il film idrolipidico che la protegge da aggressioni esterne. Nel caso della pelle grassa, per esempio, una detersione aggressiva con acqua può portare l'epidermide a pensare di essere attaccata, inducendo una risposta che prevede una produzione ancora maggiore di sebo.

L'acqua contenuta nell'Aloe invece prende il nome di "acqua legata", questo perché è stata proprio la pianta a sceglierla, a succhiarla dal terreno e a riempirla di elementi vitali. La scelta di formulare un cosmetico con acqua legata non è un vezzo, ma risponde a un'esigenza tecnica di idratare realmente la pelle e nutrirla invece di aggredirla. Questa condizione è essenziale per il benessere dell'epidermide e per la sua bellezza: ZUCCARI è l'unica azienda al mondo ad aver creato formulazioni con acqua legata. La differenza si può trovare leggendo l'INCI, poiché l'acqua libera è indicata come water o aqua.

GEL D'ALOE

Anche la lavorazione più attenta può andare ad allentare i legami fra i polisaccaridi che compongono il gel contenuto nel filetto originale: per questo è necessario addensare il gel lavorato. La procedura può essere svolta in due modi, aggiungendo gelificanti di sintesi o gelificanti alimentari.

Quelli di sintesi sono dei polimeri (liquidi o in polvere) ad alto peso molecolare che, utilizzati in una concentrazione inferiore all'1%, permettono di conferire a prodotti industriali una maggiore viscosità a favore di una percezione di compattezza.

Percezione? Sì, perché come avviene nelle formulazioni a base siliconica, la prima impressione è quella di una pelle di seta, anche se ormai un numero crescente di consumatori ha imparato a prendere le distanze da tutto ciò che si deposita sull'epidermide con il solo scopo di renderla piacevole al tocco, ma senza preoccuparsi del suo benessere.

Per fare un esempio, molte sostanze idrocarburiche producono un manto setoso che se analizzato al microscopio assomiglia in modo quasi inquietante a una pellicola di nylon. È impossibile pensare che una sostanza filmante dall'aspetto quasi plastico permetta alla pelle di respirare, stare bene ed essere bella.

Gli addensanti chimici hanno un altro aspetto potenzialmente negativo: possono modificare il pH dell'Aloe rendendola più acida e privandola del suo naturale equilibrio.

I gelificanti naturali invece, come la carragenina, la gomma xantana o la gomma di guar, sono addensanti utilizzati nell'industria alimentare. Sono contraddistinti da un'alta performance in termini di potere aggregante e non modificano il grado di acidità dell'Aloe, rendendo ulteriori lavorazioni inutili.

Scegliere un gel addensato con ingredienti alimentari permette di utilizzarlo anche su aree particolarmente sensibili come le gengive o le parti intime.

CREMA O GEL? TUTTE E DUE

Sebbene l'utilizzo di gelificanti naturali sia la scelta più opportuna, è inutile sottolineare come il leggero effetto appiccicoso del gel una volta applicato sulla pelle non sia particolarmente invitante per un utilizzo quotidiano su tutto il corpo. ZUCCARI

FOCUS ACIDO JALURONICO IL PESO DELL'IDRATAZIONE

L'Acido Jaluronico è un GAG (glicosamminoglicano), un elemento presente naturalmente nelle nostre mucose, la cui assenza o diminuzione può provocare secchezza, piccole lesioni impercettibili, perdita di elasticità, un tono e una compattezza minori. Prodotto dall'organismo, questo prezioso alleato vede la sua concentrazione diminuire con il passare del tempo, comportando un quadro di invecchiamento che conosciamo bene.

La sua fondamentale importanza è dovuta a due fattori: il primo è sicuramente il modo in cui si dispone sulla pelle. Ha una versatilità eccezionale perché è in grado di trattenere l'acqua cedendola poco a poco, agisce come "cuscinetto" proteggendo la pelle da micro-traumi e svolge anche un'azione lubrificante fra le cellule, riducendo lo stress derivante dalle aggressioni esterne (pulizia poco delicata, smog, agenti atmosferici). L'Acido Jaluronico ha una conformazione aggregata che ricorda l'assetto di un esercito incaricato di estendere il suo presidio per proteggere la cute al meglio, infatti "si organizza" per dare struttura al tessuto e allo stesso tempo funziona come un filtro caratterizzato da una maglia molto fitta che potrà essere penetrata solo da sostanze buone con un bassissimo peso molecolare, mentre quelle più grossolane come batteri e virus avranno molte probabilità di rimanere impigliate negli strati più superficiali.

Si sente sempre più spesso parlare di peso molecolare riferito all'Acido Jaluronico: questo determina il grado di profondità di penetrazione nella pelle. Un Acido Jaluronico a basso peso molecolare permette un assorbimento verticale penetrando fin negli strati più profondi del derma, che lo "accoglie" proprio in virtù delle sue dimensioni ridotte. Un Acido Jaluronico ad alto peso molecolare, invece, per la sua conformazione "a rete" rimane a contatto con lo strato più superficiale della pelle. Questa struttura particolare permette di creare un film altamente idratante perché impedisce la perdita di acqua e agisce come strato anti-shock nei confronti degli agenti esterni più aggressivi.

ACIDO JALURONICO DA ALOE (BREVETTO AJDA)

ZUCCARI ha studiato a lungo il processo che permette di ottenere Acido Jaluronico, intuendo che ci fosse ancora ampio spazio per l'innovazione. L'Acido Jaluronico è sempre stato coltivato in acqua, ma cosa si sarebbe ottenuto sostituendo all'acqua del succo puro d'Aloe? L'acido Jaluronico, sviluppandosi, associa alle caratteristiche da sempre attribuitegli (idratante, elasticizzante, protettivo) quelle straordinarie dell'Aloe (idratante, emolliente, lenitiva, cicatrizzante solo per citarne alcune). Il risultato della ricerca si è dimostrato talmente efficace da meritare di essere protetto da un brevetto internazionale, un punto di svolta nel panorama di cosmetici e integratori che possono offrire maggiori benefici attraverso quello che, a tutti gli effetti, è un Super Acido Jaluronico.

è riuscita a rivoluzionare il panorama mondiale delle formulazioni con un brevetto denominato CreamGel®. Tecnicamente, una crema (o emulsione) è un composto bifasico, cioè una miscela di due tipologie di liquidi: fase acquosa (acqua + sostanze idrosolubili) e fase oleosa (olio + sostanze liposolubili). Lo scopo di un formulatore è quello di ottenere dei composti stabili all'interno dei quali gli attivi possano essere opportunamente gestiti. La "magia" più grande è quella di far convivere in una formula elementi che in natura si separerebbero, come olio e acqua. Il brevetto CreamGel® prevede la completa sostituzione della fase acquosa con gel puro di Aloe, trasformando l'intero composto in un prodotto ancora più idratante, nutriente e lenitivo. In questo modo è possibile creare emulsioni contenenti fino al 96% di Aloe pura al 100% - senza compromessi. Le stesse proprietà lenitive, nutrienti, cicatrizzanti e riepitelizzanti di un gel puro, con il piacere di oli emollienti che rendono la texture ancora più soffice e meno appiccicosa, perfetta per essere utilizzata su tutto il corpo ogni giorno, anche al termine di una doccia veloce.

DETERSIONE DEL VISO

La pelle si autoprotegge attraverso un delicato film idrolipidico. La detersione ottimale elimina le impurità, le tracce di trucco e di smog, ma lascia intatta la "barriera". Le micelle sono delle vere e proprie "strutture" che inglobano lo sporco e lo asportano attraverso il massaggio o passando un dischetto. Ancora una volta, scegliere un detergente micellare con Aloe anziché acqua è il modo migliore per risvegliare la pelle al mattino e ringraziarla alla sera, dato che in un solo gesto deterge, idrata e tonifica. Anche in questo caso la mancanza di acqua aggiunta costituisce un requisito fondamentale per non aggredire l'epidermide. Abbiamo visto come la pelle abbia bisogno di due particolari tipi di cura: la detersione e il nutrimento. La detersione deve rispettare il suo

delicato film idrolipidico, vale a dire la sua naturale protezione. Il nutrimento invece riguarda i batteri buoni che vivono sulla nostra epidermide: i probiotici. La loro azione migliora il controllo del sebo, contribuisce a mantenere integra e sana la barriera cutanea, aiuta le naturali difese e rallenta il processo di invecchiamento. Una formula bilanciata che abbia veramente a cuore la salute della pelle, contiene anche prebiotici, il "cibo" che nutre i probiotici. Il rapporto fra i due è simbiotico e la presenza simultanea di entrambi in un sistema detergente rende la formula ancora più performante nell'immediato e nel lungo periodo.

FOCUS COME LEGGERE UN INCI

Destreggiarsi nel mondo dei cosmetici può risultare piuttosto complicato quando ci si affida alla lettura della confezione, perché spesso le aziende si sfidano con attivi dai nomi particolari o con promesse eclatanti sulle varie funzioni. Per sapere se le aspettative sono ben riposte, è utile… girare il prodotto e leggere attentamente le numerose indicazioni presenti. Le componenti del cosmetico vengono scritte adottando un linguaggio internazionale, con alcune differenze fra quello europeo e quello americano, chiamato INCI (l'acronimo di International Nomenclature Cosmetic Ingredients). Si tratta di un vero e proprio catalogo che contiene termini in latino, inglese, numeri e simboli. Gli estratti vegetali vengono riportati con il loro nome botanico secondo la farmacopea di Linneo, gli ingredienti chimici vengono indicati con il nome inglese, mentre i coloranti sono contraddistinti da un codice preceduto dal prefisso CI.

I nomi degli ingredienti seguono un ordine preciso a seconda della loro presenza in percentuale all'interno del cosmetico, ossia per concentrazione decrescente, fino ad arrivare all'1%. Al di sotto di questa soglia sarà il formulatore a decidere con quale criterio citare gli ingredienti, poiché "cade" il vincolo dell'ordine decrescente e le componenti possono essere in ordine sparso. Questo significa che i primi ingredienti di una lista saranno presenti in una quantità maggiore. L'ingrediente che si trova più spesso al primo posto è l'acqua: un eccipiente che, secondo chi scrive, crea un maggior volume e "non impegna". Il consumatore consapevole inizierà infatti a cercare cosmetici senza acqua aggiunta, perché questo significa che la formula potrà essere completamente attiva.

Comprendere la concentrazione di un ingrediente all'interno della lista è piuttosto semplice una volta compreso il meccanismo. La quantità esatta invece è difficile da stabilire, in quanto è un segreto del quale il formulatore si arma per tutelarsi dalla concorrenza che potrebbe copiare "la pozione".

Ma cosa cercare esattamente in un'etichetta? Prima di tutto si analizzano i primi ingredienti, una lista nella quale non dovrebbero esserci derivati del petrolio che potrebbero occludere i pori: sono i petrolati, che nell'INCI si trovano sotto forma di Paraffinum Liquidum, PEG, PPG, Mineral Oil, Petrolatum. Un'altra attenzione deve essere destinata ai tensioattivi derivanti dalla lavorazione del petrolio, fra i quali citiamo il Sodium laureth sulfate e il Sodium lauryl sulfate. Alcune sostanze come vaselina e siliconi "svolgono" un'azione setificante. Le virgolette sono dovute perché si parla di isolanti ed idrorepellenti che non lasciano respirare la pelle e che potrebbero dare luogo a fenomeni di sensibilizzazione o addirittura una maggiore secchezza. Al di là delle riflessioni etiche sull'utilizzo di derivati del petrolio, resta aperta la questione del "cancerogeno sì / cancerogeno no", poiché pur dovendo rispondere a parametri precisi, questi ingredienti sono tollerati se prodotti con oli che alla base non contengano più del 3% di impurità ritenute pericolose o dannose. Secondo quanto riportato dal sito eticamente, "Per legge le sostanze classificate come cancerogene, mutagene o tossiche per la riproduzione di categoria 1A, 1B e 2 sono vietate per la formulazione di cosmetici, una sostanza classificata nella categoria 2 può essere utilizzata nei cosmetici se è stata sottoposta alla valutazione del CSSC (Comitato Scientifico Sicurezza Consumatori) e dichiarata accettabile per l'utilizzo nei prodotti cosmetici."

È molto importante ricordarsi di controllare il PAO (Period After Opening), il pittogramma che indica un numero all'interno di una confezione aperta qui si indica il periodo, espresso in mesi, durante il quale il prodotto si conserva in modo ottimale. Generalmente, più il numero è alto, maggiore è la probabilità che la formula sia densa di conservanti.

DETERSIONE DEL CORPO

La stessa delicatezza che l'Aloe vera riserva al viso può essere determinante nel ripristinare e mantenere il benessere della pelle di tutto il corpo. La tentazione di scegliere un detergente che faccia molta schiuma può essere forte, poiché siamo stati a lungo condizionati dall'idea che a nuvole leggere corrisponda una perfetta pulizia della pelle. Tenendo conto, però, che la detersione è un gesto quotidiano (che viene compiuto anche più volte nel corso della stessa giornata), non è pensabile che la pelle possa rimanere elastica e idratata se viene continuamente "sgrassata" da ingredienti irrispettosi della sua struttura (pensiamo a SLS e SLES, dei quali parliamo anche nel paragrafo "Intimamente Aloe"). Ricordiamo quindi che il perfetto detergente d'Aloe dovrebbe contenere prebiotici e probiotici per mantenere una flora batterica cutanea in equilibrio, senza dimenticare la presenza di agenti in grado di trattenere l'acqua e "cederla" lentamente alla pelle, come l'Acido Jaluronico. Una formula poco schiumogena non è sinonimo di detersione superficiale, anzi: spesso anche l'epidermide definita come "grassa" risulta ancora più sofferente se il suo manto idrolipidico viene aggredito, perché tenderà a produrre ancora più sebo proprio a causa della minaccia percepita, innescando un circolo vizioso.

ROUTINE CONTRO I SEGNI DEL TEMPO

L'Aloe si presta benissimo per prevenire e trattare i segni del tempo, in quanto due fra le prime esigenze sono quelle di idratare e lenire. Una pelle difesa e in equilibrio cederà più lentamente a livello strutturale e il continuo apporto di elementi bio-compatibili la manterrà più elastica, più a lungo. Una corretta detersione è alla base di una routine anti-age, che può essere adottata anche da pelli non ancora mature per esercitare un potere preventivo. Scegliere un ottimo siero, un'ottima crema e un ottimo contorno occhi-labbra è importante poiché oltre all'Aloe dovrebbero essere presenti elementi come Collagene e Acido Jaluronico, uno ricompattante e l'altro idratante. Il siero, steso su viso e collo prima del trattamento anti-age, permette a quest'ultimo di penetrare meglio, andando a rimpolpare, mentre il contorno occhi-labbra deve essere picchiettato delicatamente per favorire il microcircolo e ottenere un risultato migliore. È importante rispettare le fasi della routine per avere dei benefici significativi, con un percorso che sarebbe opportuno intraprendere quando si mostrano i primi segni del tempo, in modo da dare un vantaggio alla pelle per gli anni a venire.

L'ALOE PER IL SORRISO

Chi cerca denti bianchi senza occuparsi della loro salute può rischiare di non vedere protratti i risultati estetici. È importante scegliere dentifricio e collutorio come alleati quotidiani del sorriso, trattando l'effetto sbiancante come uno dei vantaggi senza dimenticare che il benessere del cavo orale necessiti di un trattamento completo. Un ottimo dentifricio deve svolgere un'azione anti-placca, anti-tartaro e offrire un alito fresco. L'effetto sbiancante non dovrebbe avere una natura fortemente abrasiva, pena il rischio di intaccare lo smalto: Olio di Neem e Lichene islandico, per fare un esempio, assolvono il compito con un'efficacia naturale. Tea Tree ed Echinacea si occupano di tenere a bada placca e tartaro, mentre l'Aloe vera (al posto dell'acqua o dell'alcol) aiuta a decongestionare le gengive infiammate e a proteggere tutta la bocca. Il collutorio non ha un ruolo secondario nell'igiene orale, soprattutto se la formula è priva di alcol e acqua aggiunta: Salvia, Clorofilla, Xilitolo, Mirra, Arancia, Biancospino e vitamine rappresentano un cocktail di attivi in grado di trasformare la routine quotidiana in un momento di piacere. Il lettore che segue trattamenti omeopatici potrà senza dubbio orientarsi su formule prive di menta.

L'ALOE NELLE SINERGIE ANTI-ODORE

Una pelle detersa, idratata e sana non ha grandi problemi nel tenere a bada la proliferazione batterica, vera e propria responsabile dei cattivi odori. Un perfetto anti-odorante contiene Aloe al posto dell'acqua, è privo di alcol (in modo da poter essere utilizzato in ogni momento, anche immediatamente dopo la rasatura), non contiene gas né alluminio cloridrato. In commercio esiste un anti-odorante con pietra liquida, il prezioso Allume di Potassio tanto caro alle nostre nonne. Una pietra straordinaria in grado di catturare e neutralizzare i cattivi odori, prevenendoli. Dalla ricerca ZUCCARI è emerso che l'Allume di Potassio sarebbe l'anti-odorante perfetto in quanto a efficacia, essendo naturale e permettendo alla pelle di traspirare senza "soffocarla". L'Allume però ha dei limiti nell'utilizzo: deve essere inumidito prima di essere utilizzato e necessita di asciugare in un luogo opportunamente areato; si presenta esattamente come un sasso, quindi alla prima caduta può disintegrarsi; è scomodo da trasportare. La buona notizia è che in farmacia ed erboristeria sono disponibili anti-odoranti e deodoranti con puri cristalli di Allume di Potassio disciolti in succo d'Aloe. In periodi particolari, come in concomitanza di cambiamenti ormonali, può essere necessario un aiuto in più per regolare la traspirazione. In questo caso l'attivo più performante è l'alluminio cloridrato, che però consigliamo di scegliere in una formula ingentilita dalla presenza di un pool emolliente, lenitivo e calmante come potrebbe essere quello con Olio di Riso, Olio di Mandorle, Burro di Karité.

LA TENDENZA DEGLI OLI DERMOCOSMETICI

Da qualche anno abbiamo assistito alla proliferazione di oli dermocosmetici per trattare smagliature, piccole cicatrici, imperfezioni, segni dell'acne e disidratazione. Massicci investimenti pubblicitari e un grande passaparola hanno portato alla ribalta formulazioni non proprio naturali, che però hanno avuto il merito di suggerire ai formulatori più attenti la possibilità di rispondere in modo significativamente più attento alle esigenze manifestate da consumatrici e consumatori in tutto il mondo. Anche in questo caso l'Aloe risulta la scelta migliore per il suo potere idratante e lenitivo, che andrà a riequilibrare la pelle come prima missione, mentre gli oli emollienti di Mandorla e Jojoba si occupano di ripristinare l'elasticità. È importante scegliere una formulazione con elementi affini alla pelle e priva di oli minerali, paraffina, sostanze che potrebbero occludere i pori e che non vengono inserite in un prodotto con lo scopo di risolvere un problema in modo naturale, ma per offrire un appagamento momentaneo e una sensazione setificante che, considerandone la provenienza, non può nutrire davvero il benessere della cute.

INTIMAMENTE ALOE

LA DETERSIONE

Una corretta detersione delle parti intime è a tutti gli effetti un trattamento preventivo che mette al riparo da fastidi, disagi e problematiche. Spesso di tratta di episodi ricorrenti, recidivi o addirittura cronici come candidosi, vaginiti e infiammazioni. Le pelli più sensibili, reattive e soggette ad arrossamenti vedono in queste aree un ulteriore bisogno di protezione. Il detergente intimo ideale è privo di SLS (Sodium Lauryl Sulfate) e SLES (Sodium Lauryl Ether Sulfate): si tratta di tensioattivi chimici che vengono impiegati nei comuni detersivi per la casa e anche in molti prodotti per l'igiene della persona per via del loro enorme potere sgrassante. Negli ultimi anni, pur essendo oggetto di critiche, sono stati impiegati su vasta scala perché la loro composizione permette una bio-degradazione quasi completa durante il trattamento di depurazione delle acque, per mezzo di enzimi batterici. Forti di questa "sicurezza", i formulatori abbondano con i tensioattivi perché a tutti piace una grande sensazione di pulito, ma nessuno, pensandoci, vorrebbe utilizzare una formula simile a quella di un detersivo dei pavimenti per la propria igiene intima. Scegliere un detergente senza SLS né SLES, con una ricca base d'Aloe significa poter contare su un alleato in grado di aiutare a contrastare secchezza e pruriti intimi, limitando l'insorgenza non soltanto di questi disagi, ma anche quelli ad essi correlati. Oggi si possono acquistare prodotti con Acido Jaluronico idratante, Tea Tree batteriostatico e anti-micotico, Estratto di Pompelmo disinfettante e Salvia sclarea amica della femminilità, per affrontare serenamente momenti particolarmente delicati come ciclo, parto, menopausa.

LA LUBRIFICAZIONE

La tematica della secchezza vaginale affligge 2 donne su 3 una volta superati i 40 anni. I fastidi principali riguardano il comfort durante il giorno e durante i rapporti intimi, ma la causa di queste problematiche viene spesso messa in secondo piano. Andando verso la menopausa l'organismo produce sempre meno mucopolisaccaridi, che non hanno il solo scopo di lubrificare l'organo vaginale, ma anche di creare un ambiente inospitale per i microbi e contenere gli attacchi micotici. Utilizzare un lubrificante comune significa trascurare un aspetto protettivo fondamentale. La soluzione migliore è rappresentata dall'Aloe, che con i suoi polisaccaridi imita alla perfezione la lubrificazione vaginale rispondendo subito all'esigenza di comfort. L'Aloe è ideale anche per un'altra ragione: crea un ambiente ostile alla proliferazione batterica. È preferibile scegliere un prodotto con Acido Jaluronico idratante, Tea Tree batteriostatico e anti-micotico, Estratto di Pompelmo disinfettante e Salvia sclarea amica della femminilità.

CAPITOLO X

ALOE, IL PRIMO SOCCORSO DELLA NATURA

ACNE

L'acne colpisce oltre il 30% degli italiani, rappresentando da sola il 6% di tutte le dermatosi. Disturbo tipico della pubertà, può persistere fino ai 30-40 anni, lasciando spesso antiestetici segni più o meno profondi. In una condizione di equilibrio, il prodotto delle ghiandole sebacee e delle ghiandole sudoripare forma un velo leggermente acido che dovrebbe servire alla pelle come schermante dai batteri, ma in un soggetto predisposto all'acne le ghiandole sebacee risultano molto più attive. Il sebo in eccesso ostruisce i follicoli: l'accumulo di cellule cheratinizzate origina quelli che vengono chiamati "punti neri", ma non è tutto. I follicoli sono soggetti all'attacco di batteri, in particolare a quello di un batterio anaerobio (che vive in assenza di ossigeno) il quale è responsabile dell'irritazione. Per trattare sia l'acne che i suoi segni sulla pelle è importante non utilizzare formule alcoliche che potrebbero aggravare l'irritazione. L'Aloe può essere impiegata per uso topico, in forma di gel sulla pelle pulita e detersa, ma può dare giovamento anche assunta per via orale, tramite il succo.

SEGRETO

VISO D'ALOE

MATERIALI

- 1 confezione di gel puro d'Aloe, rigorosamente non pastorizzato e non filtrato a carboni
- 1 limone

PROCEDIMENTO

Mescolare delicatamente 4 cucchiai di gel puro d'Aloe con qualche goccia di limone e applicare sulla pelle asciutta, precedentemente detersa in modo accurato. Lasciare in posa per 15 minuti. Risciacquare con acqua tiepida.

MAI PIÙ SENZA!

ADDIO LUCIDO

Mentre poche gocce di limone sono sufficienti per ottenere un effetto astringente e disinfettante nei confronti di una pelle grassa o soggetta a imperfezioni, l'Aloe idrata, leviga e lenisce. Queste due forze naturali combinate offrono una sinergia riequilibrante. Da provare anche in vista di un evento importante, perché il trucco rimarrà come appena fatto più a lungo.

ALITOSI

Una problematica che coinvolge non solo il diretto interessato, ma anche coloro che sono a contatto con lui. Le cause possono essere molteplici: da un'infiammazione che può generare un pH acido a una digestione difficoltosa, da uno squilibrio nella produzione di succhi gastrici (carenza/eccesso) a una cattiva alimentazione. In caso di alitosi, l'Aloe ci viene incontro in due modi: il gel potrà essere spalmato su denti e gengive, mentre il succo puro potrà essere utilizzato per fare degli sciacqui del cavo orale due volte al giorno, dopo un'accurata pulizia dei denti.

ANEMIA

La forma più comune di anemia è quella dovuta a una carenza di ferro: l'organismo non produce abbastanza globuli rossi, i "trasportatori" dell'ossigeno, limitando a cuore e cervello la possibilità di un corretto approvvigionamento. La sintomatologia comprende spossatezza, tensioni alla testa, tachicardia, ronzio alle orecchie e sonno disturbato. Il succo puro d'Aloe predispone l'organismo a una corretta formazione dei globuli rossi e inoltre si occupa di fornire magnesio e ferro, sali che lavorano in sinergia.

ANGINA

Per gestire in modo ottimale le contrazioni ventricolari del cuore, andando a ossigenare le cellule al meglio, il nostro organismo ha bisogno della sinergia di magnesio, acido folico e vitamina E. Il succo puro d'Aloe contiene tutte e tre in un mix bilanciato ed è quindi indicato per essere assunto sia a titolo preventivo che in presenza di uno stato patologico. È buona norma, comunque, consultare il proprio medico di fiducia ed eventualmente fissare un appuntamento con un cardiologo che indagherà meglio la situazione offrendo un consiglio professionale mirato.

APPETITO

Nei casi di inappetenza può rivelarsi molto utile ricorrere al succo puro d'Aloe. Il mix di enzimi digestivi stimola l'attivazione delle mucose gastriche che, a loro volta, "allertano" gli ormoni che governano l'appetito. Una migliore digestione sarà ulteriormente d'aiuto all'inappetente, poiché faciliterà il meccanismo della nutrizione alla quale per varie ragioni non è più abituato, senza generare una sensazione di pesantezza.

ARITMIA CARDIACA

Assumere succo puro d'Aloe ogni giorno contribuisce alla normalizzazione del ritmo cardiaco, che con l'avanzare dell'età potrebbe subire delle alterazioni. Non solo: questa pianta aiuta a riequilibrare tutti i microprocessi e macroprocessi dell'organismo, permettendo al cuore di svolgere il suo lavoro senza essere sovraccaricato da altre incombenze. Pensiamo per esempio alla facilitazione del compito nel caso in cui le vene siano ben pulite e il sangue fluisca senza pericolosi "intoppi". Meno pensieri per il cuore, meno pensieri per noi.

ARTERIOSCLEROSI

Questa patologia, più facilmente riscontrabile nelle persone anziane, vede la progressiva ostruzione di vene e arterie del sistema cardiocircolatorio. Fattori che possono essere considerati determinanti nello sviluppo dell'arteriosclerosi sono sicuramente una dieta sregolata (sbilanciata verso l'assunzione di lipidi che si concentrano nel sangue in grande quantità) e abitudini scorrette come il fumo e la sedentarietà. Assumere succo puro d'Aloe aiuta a smaltire i grassi in eccesso che si trovano a saturare il sangue, grazie alla preziosa collaborazione di un aminoacido essenziale (metionina) e un enzima (lipasi), che insieme aiutano la corretta metabolizzazione dei grassi. Non dimentichiamo che all'interno del succo si trovano microquantità di selenio, agente antiossidante che aiuta a contrastare l'invecchiamento delle cellule: un ulteriore supporto nella prevenzione e nel trattamento di queste disfunzioni degenerative.

ARTRITE

Quando le articolazioni che ci sorreggono e ci aiutano nei movimenti si trovano in uno stadio di infiammazione, si parla di artrite. Il ruolo del succo puro d'Aloe è facile da comprendere, poiché la proprietà antinfiammatoria degli acidi crisofanico e cinnamico, insieme all'azione analgesica, inibiscono il dolore. Un'azione più segreta ma altrettanto importante è quella svolta dall'acemannano, che funziona come un vero e proprio lubrificante per le nostre giunture, limitando i fenomeni infiammatori.

CANDIDA VAGINALE

Un problema che affligge molte donne e che è tendente alla recidiva. In questo caso si può trarre un sollievo immediato dall'applicazione del gel puro d'Aloe, ma si deve tener conto anche dell'importanza di una corretta detersione che deve essere lenitiva, non aggressiva (si rischia di peggiorare la situazione), possibilmente emolliente.

CAPELLI SECCHI E INDEBOLITI

I capelli risentono molto dei vari maltrattamenti ai quali sono sottoposti quotidianamente: lavaggi, asciugatura ad alte temperature, piastra, colorazioni. Per avere una chioma nutrita e splendente si può fare un impacco pre-shampoo miscelando alcune gocce di olio d'argan al gel puro d'Aloe. Si applica sulla cute massaggiando vigorosamente in senso circolare con i polpastrelli, ma senza esercitare troppa pressione. Questo tipo di massaggio, oltre a rilassare ed energizzare allo stesso tempo, aiuta a riattivare il microcircolo e quindi permetterà ai capelli di ricevere più nutrimento. Sulle lunghezze, invece, si applica partendo dalla testa e scendendo verso il basso. Per questa seconda fase dell'operazione è importante seguire il consiglio dei migliori hairstylist: massaggiare le lunghezze (in modo particolare le punte) rischia di stressarle ancora di più. È importante, invece, procedere per piccole ciocche passando la miscela con un movimento preciso dall'alto in basso, poiché in questo modo si "sigillano" le squame che rendono la capigliatura più brutta a vedersi e, più importante, più fragile e tendente a spezzarsi. Una volta trattate tutte le ciocche è consigliabile

SEGRETO

DAMMI UNA LAMETTA, ALOE

MATERIALI

- 1 confezione di gel puro d'Aloe, rigorosamente non pastorizzato e non filtrato a carboni
- 1 cucchiaio da tavola di olio d'Aloe
- 1 bagnodoccia d'Aloe

PROCEDIMENTO

In una ciotola mescolare 1/3 di gel puro d'Aloe, 1/4 di bagnodoccia d'Aloe e 1 cucchiaio da tavola di olio d'Aloe.

MAI PIÙ SENZA!

LA PRIMA RASATURA IDRATANTE

Il gel puro d'Aloe è probabilmente il miglior gel da rasatura che si possa provare. Naturalmente antisettico, crea la texture ideale per far scorrere una lametta ammorbidendo la pelle. In un unico gesto si crea un ambiente sfavorevole alla proliferazione batterica e quindi si tengono a bada possibili problematiche dell'epidermide, spesso evidenti dopo la rasatura. Ideale sia per uomo che per donna.

lasciare in posa per una trentina di minuti prima di procedere con il lavaggio secondo abitudine, ricordando di prediligere uno shampoo privo di siliconi. L'impacco può essere ripetuto settimanalmente o anche più volte in settimana a seconda del grado di disidratazione del capello.

CATARATTA

La parola d'ordine in questo caso è prevenzione. La cataratta colpisce con l'avanzare dell'età: il nervo ottico si indebolisce e si rilassa, provocando un'immagine offuscata e un conseguente peggioramento della vista. Facilmente operabile in day-hospital, questa problematica può essere affrontata il più tardi possibile se si associa a un corretto stile di vita e a una sana alimentazione anche l'assunzione di succo puro d'Aloe, ancora meglio se a partire dai quarant'anni.

CATARRO

Fastidioso accumulo spesso causato da infezioni stagionali a carico dell'apparato respiratorio, ma anche da fumo, scorretta masticazione o stress, questo problema può essere arginato con l'assunzione del succo puro d'Aloe. La sua azione antinfiammatoria decongestiona l'area, la sua funzione immuno-modulante permette un recupero più veloce e il suo effetto lenitivo aiuta a ripristinare lo stato di benessere delle mucose iper-sollecitate. È possibile anche fare dei gargarismi da 2 a 3 volte al giorno.

CISTITE

Che sia a causa di un colpo di freddo o dalla contaminazione di germi, quando la mucosa della vescica si infiamma si ottiene il disagio doloroso di un aumentato stimolo urinario accompagnato da bruciori. L'acemannano contenuto nel succo d'Aloe svolge un'ottima azione antinfiammatoria e la sua assunzione, unita a quella di almeno due litri d'acqua al giorno, promuove il ripristino della normale funzionalità urinaria.

COLESTEROLO

Le vitamine A, C ed E, presenti nel succo puro d'Aloe, sono liposolubili e vengono facilmente assorbite dai tessuti. La loro concentrazione favorisce il bilancio fra colesterolo buono e colesterolo cattivo, favorendo il metabolismo lipidico.

COLITE

Noto anche come "sindrome del colon irritabile", questo disturbo si manifesta con crampi, nausea, dolori addominali, oltre a un'alternanza di costipazione e diarrea. Questo processo infiammatorio, che può interessare un solo segmento del colon oppure la sua interezza, insorge spesso a causa di infezioni virali, ma sussiste il rischio che muti in una forma cronica, con notevoli disagi. Il succo puro d'Aloe è eccezionale come rimedio contro coliti e diverticoliti. Le sue azioni antinfiammatoria, disintossicante e lenitiva del tratto gastrico-intestinale aiutano organi e tessuti ad avere una maggiore efficienza, oltre a supportare l'equilibrio della flora intestinale.

CONGIUNTIVITE

L'infiammazione della congiuntiva, ossia la mucosa che collega l'interno della palpebra alla sclera, è molto comune. In questo caso il succo puro d'Aloe può essere assunto fino alla scomparsa del problema, ma anche essere utilizzato in modo topico come impacco, miscelandolo ad acqua calda non bollente. Il trattamento andrà eseguito mattina e sera per un tempo non inferiore ai 20 minuti.

DIABETE E IPO/IPER GLICEMIA

Il trio di zinco, manganese e vitamina B6 si coordina con l'insulina prodotta dalle cellule del pancreas per controllare gli zuccheri presenti nel sangue in modo da aiutare a tenere i valori sotto controllo. È importante ricordare che nei casi di diabete in cui venga somministrata insulina, l'assunzione di succo puro d'Aloe deve essere evitata.

DIARREA

L'Aloe potrebbe sembrare apparentemente in contrasto con il trattamento di questa problematica, ma abbiamo imparato a comprendere come l'effetto lassativo di un succo puro opportunamente trattato non risulti irritante. Grazie alla sinergia vitale di elementi nutritivi, antisettici e antinfiammatori, il succo puro d'Aloe aiuta a risolvere il problema alla radice: la diarrea infatti è un segnale chiaro che il corpo ci manda quando il "distretto" dell'apparato digerente è "allarmato" da una problematica.

DIFFICOLTÀ DIGESTIVE

(IPERACIDITÀ/CARENZA DI SUCCHI GASTRICI)

Lo squilibrio fra succhi gastrici e quantità di cibo introdotto può generare due problematiche su tutte. L'iperacidità si contrasta con il succo puro d'Aloe in quanto l'acemannano presente riveste la mucosa con un effetto gastroprotettore, ma non solo: l'azione emolliente e lenitiva offre un sollievo immediato nel caso di ulcere. La carenza di succhi gastrici invece si manifesta con un malessere generalmente localizzato nella parte centrale dell'addome, dalla quale si irradia una sensazione di pesantezza spesso accompagnata da fitte. Anche in questo caso l'assunzione di un succo puro d'Aloe è determinante per contenere e neutralizzare l'infiammazione localizzata, predisponendo anche l'intestino a ritrovare la regolarità.

DETOX NEI CAMBI DI STAGIONE

Il nostro organismo può essere considerato come un contenitore vivo. Si riempie di ciò che scegliamo, a volte in modo inconscio. Il lettore avrà certo imparato a fare attenzione a ciò che mangia, a ciò che respira e a tenere a bada lo stress che causa un sovraccumulo di tensioni e tossine. Ciononostante in alcuni periodi dell'anno il corpo ha bisogno di una pulizia più profonda che lo faccia sentire nuovamente in forma. Scegliere un succo puro d'Aloe o un succo puro d'Aloe arricchito con pappa reale e vitamine del gruppo B aiuta l'organismo a ricostituire e fortificare le sue difese nei confronti dei malanni stagionali, offre una sinergia disintossicante per espellere le scorie naturalmente e "rimette in moto" tutto il corpo.

EMATOMI

Il "regalo" tipico di una contusione, con un colore che vira dal blu profondo al giallo, non è soltanto antiestetico, ma anche doloroso. Scegliere di trattarlo con il gel puro d'Aloe significa ridurre significativamente il tempo richiesto alla pelle per ripristinare lo sversamento causato dalla rottura dei capillari. Si procede applicando uno strato non troppo sottile di gel come impacco, pratica che dovrà essere ripetuta più volte al giorno fino alla graduale scomparsa degli ematomi.

EMICRANIA

Un attacco di emicrania è contraddistinto da fasi diverse, ogni persona può sperimentarle in modo diverso o non necessariamente attraversarle tutte. La prima fase, detta prodromica, è una sintomatologia che precede di ore o addirittura giorni "l'attacco" vero e proprio. Si presenta con instabilità dell'umore, irritabilità e rigidità muscolare. La seconda fase, generalmente più breve, prende il nome di "aura" ed è caratterizzata da sensibili difficoltà motorie, ipersensibilità e fenomeni neurologici di carattere visivo. È proprio l'aura a far transitare il fastidio verso il dolore vero e proprio, la fase acuta dell'emicrania. Quando l'attacco si attenua gradualmente inizia la fase di recupero, che può lasciare più o meno spossati. Per combattere l'emicrania si può utilizzare una combinazione di gel puro d'Aloe e succo puro d'Aloe: si friziona con il gel la parte del capo dove si lamentano più dolori, mentre si assumono 50ml di succo. Il meccanismo d'azione riguarda la neutralizzazione del dolore, poiché l'enzima bradichinasi è in grado di intercettarlo e inibirlo, mentre acido salicilico e acido cinnamico svolgono un'azione analgesica con effetti in un breve lasso di tempo.

EMORROIDI

Quando il flusso sanguigno viene ostacolato per varie ragioni (sforzi fisici o sedentarietà sono solo un esempio), entra in una fase di ristagno che causa rigonfiamenti e infiammazioni. Il succo puro d'Aloe viene in aiuto di queste manifestazioni particolarmente dolorose in quanto idrata e lenisce, favorendone il riassorbimento. Frizionare la parte interessata con il gel puro d'Aloe invece aiuta nel caso siano presenti delle micro-lacerazioni dolorose, aiutando il riassorbimento della ferita.

ESOFAGITE

Sempre più diffusa negli ultimi anni a causa di ritmi stressanti e disequilibri emotivi, l'esofagite è un'infiammazione della mucosa lungo tutto il tratto che collega gola e stomaco. Un interessante articolo del Dott. Adrigò pubblicato sul web nel 2009 creava un collegamento di natura psico-emotiva fra le problematiche a carico di esofago e stomaco. L'esofago, in particolare, è rappresentativo della nostra capacità di accogliere e quindi una sua infiammazione sarebbe indice di qualcosa che "non riusciamo a digerire, ma nemmeno a espellere". Quello che potremmo definire "il blocco dell'inaccettabile" ci segnala a modo suo di non voler essere ignorato: arriva la sensazione di bruciore ascendente, spesso accompagnato da rigurgiti acidi. Il succo puro d'Aloe, assunto quotidianamente, ripristina l'equilibrio della mucosa grazie al suo naturale potere antinfiammatorio, oltre a fornire il supporto prezioso di vitamine e minerali.

FERITE E TAGLI SUPERFICIALI

L'Aloe, così brava nella sua capacità di autoripararsi se tagliata, trasmette lo stesso istinto di ricostruzione alla pelle. Proprio in virtù della vulnerabilità dell'organismo in presenza di una ferita o di un taglio, che rappresenta una porta spalancata (e invitante!) a virus e batteri, è meglio preferire un gel puro non estratto in ambito casalingo. Questo tipo di lavorazione infatti non può garantire uno standard di sicurezza (lavaggio accurato, opportuno sfilettamento della foglia solo per citarne un paio), a maggior ragione nel caso in cui non si vogliano sigillare a contatto della pelle ospiti sgraditi.

FORFORA

La forfora è una desquamazione del cuoio capelluto e può essere originata da cause diverse. Assumere del succo puro d'Aloe può aiutare in quanto, migliorando la funzionalità epatica, gli organi adibiti

SEGRETO

BASTA NEVE CON L'ALOE

MATERIALI

- 1 confezione di gel puro d'Aloe, rigorosamente non pastorizzato e non filtrato a carboni
- 5 gocce di olio essenziale puro di Tea tree
- 2 gocce di olio essenziale puro di Eucalipto

PROCEDIMENTO

Mescolare delicatamente 5 cucchiai di gel puro d'Aloe (da aumentare secondo necessità) con le gocce di Tea tree e quelle di Eucalipto. Applicare la miscela sullo scalpo, massaggiando delicatamente la cute. Lasciare in posa per 30 minuti. Ripetere per 3 volte alla settimana fino alla risoluzione del problema.

MAI PIÙ SENZA!

FORFORA SOTTO CONTROLLO

I polisaccaridi contenuti nel gel puro d'Aloe stimolano il rinnovamento cellulare. Le cellule nuove, "fresche e sane", aiutano a ottenere uno scalpo in forma. Ma non è tutto: attraverso il massaggio, l'Aloe aiuta a espellere i batteri e i depositi grassi che occludono i follicoli piliferi, permettendo ai capelli di respirare. Aggiungiamo un'attività enzimatica, vitamine e minerali, oltre alle glicoproteine che aiutano a ridurre l'infiammazione e la sensazione di prurito.

alla depurazione (fra i quali la pelle) vengono sollevati da un significativo sovraccarico. La soluzione in questo caso non è immediata, ma a differenza di trattamenti aggressivi che portano con loro il rischio di avere un effetto peggiorativo a lungo termine, la natura paziente dell'Aloe è in grado di ripristinare il benessere della cute.

GASTRITE

Una dieta scorretta, l'uso abituale di analgesici e antinfiammatori non steroidei, abuso di alcol, stress, reflusso biliare o semplicemente un'infezione causata dal comune batterio Helicobacter pylori possono generare una gastrite. Questo disturbo può apparire senza preavviso (in quel caso si parlerà di gastrite acuta) oppure può protrarsi nel tempo (gastrite cronica). I sintomi vanno da una sensazione di pesantezza dopo i pasti a una drastica diminuzione dell'appetito, fino ad arrivare a un bruciore nella parte superiore dell'addome, spesso accompagnato da nausea e forti fitte toraciche. Il succo puro d'Aloe aiuta la mucosa aggredita a ricostruire la sua naturale difesa, fattore che a sua volta determina il sollievo sia nell'immediato che a lungo termine.

GELONI

Una lunga esposizione al freddo seguita da un repentino cambiamento temperatura con passaggio al caldo provoca una sorta di shock termico ai danni dei capillari, in modo particolare quelli di mani e piedi che, essendo localizzati nelle aree più periferiche, tendono ad avvertire maggiormente la differenza. Questi piccoli vasi sanguigni si difendono infiammandosi: arrivano gonfiore e vesciche. Il gel puro d'Aloe aiuta l'organismo a trasmettere un segnale di "pericolo terminato", ripristinando allo stesso tempo il tessuto danneggiato.

GIRADITO O PATERECCIO

Si tratta di un'infiammazione molto comune dell'area che contorna l'unghia. Una volta che l'area è stata perfettamente detersa e asciugata, è possibile spalmare una noce di gel puro d'Aloe che offre una doppia protezione antibatterica (con acido cinnamico e acido crisofanico) e analgesica (acido salicilico). Ripetere più volte al giorno.

GLAUCOMA

Con questo termine si indica la pressione costantemente alta del bulbo oculare, tale da sfociare in uno stato patologico. Il succo puro d'Aloe può intervenire nei processi biologici che regolano la pressione endoculare, non strettamente collegata alla pressione generale. Questo è possibile attraverso l'apporto di potassio che, insieme agli enzimi digestivi, favorisce il processo di decomposizione dei nutrienti assunti attraverso il cibo, evitando sovraccarichi all'organismo. All'assunzione di succo puro d'Aloe per almeno due mesi, si consiglia di escludere fonti di sodio, caffè e tabacco.

HERPES LABIALE

L'herpes si può trasmettere attraverso baci o scambio di saliva con una persona già infetta, ma una volta che esso è presente nel sistema può presentarsi a causa di uno sbalzo ormonale (soprattutto in gravidanza), stress psico-fisico, abbassamento delle difese immunitarie, come reazione a un'eccessiva esposizione ai raggi solari o addirittura come sfogo a un'intolleranza alimentare. Applicare un gel puro d'Aloe aiuta a combattere l'infezione in atto permettendo una cicatrizzazione più rapida, ma offre anche un sollievo immediato da prurito e dolore, sgonfiando l'area e disinfiammando.

HERPES TONSURANTE

Un altro tipo di herpes molto diffuso fra gli uomini è quello che interessa la zona fra guance e mento, dove si trova la barba. Qui possono comparire piccole pustole pruriginose che trovano sede nel bulbo pilifero: quando scoppiano lasciano un'antiestetica crosticina gialla che, attraverso la rasatura, si rompe tendendo a propagare l'infezione. Alla comparsa dei primi sintomi è utile frizionare sulla zona interessata del succo puro d'Aloe, applicando successivamente del gel puro d'Aloe.

HERPES ZOSTER O FUOCO DI SANT'ANTONIO

Parente non troppo lontano della varicella, l'herpes zoster si presenta con striature di colore rossastro che portano con loro dolori evidenti. A seconda dell'estensione e della gravità è consigliabile l'applicazione del gel puro d'Aloe sulle zone colpite, da due a quattro volte al giorno, proseguendo per almeno una settimana.

INTESTINO PIGRO

Un segreto meno conosciuto del succo puro d'Aloe è che esso contiene delle sostanze fibrose chiamate lignine e saponine. Queste riescono ad assorbire al loro interno una grande quantità d'acqua, che riveste il cibo digerito rendendolo una massa più facile da espellere. A questa attività si somma quella dei composti antrachinonici, che abbiamo visto svolgere una leggera funzione lassativa.

LARINGITE

Questa infiammazione, che può presentarsi come manifestazione virale o allergica, porta spesso con sé dolore nel parlare, raucedine o addirittura afonia. Spesso è accompagnata da bruciore, tosse, febbre e un malessere diffuso in tutto il corpo. Il succo puro d'Aloe aiuta a riepitelizzare la zona "abrasa" dalla tosse, ripristinando l'equilibrio dell'intero tratto con la sua azione lenitiva, disarrossante e disinfiammante.

MAL DI DENTI

Se il dolore colpisce quando non si può raggiungere velocemente un dentista, il gel puro d'Aloe può rendere l'attesa più sopportabile. La sua attività antinfiammatoria e lievemente analgesica offre un immediato sollievo se spalmato all'attaccatura delle gengive.

MENOPAUSA

No, la menopausa non è una malattia né un'alterazione della femminilità. Si tratta semplicemente di un'altra fase della vita durante la quale il corpo della donna si modifica, ma può essere bellissima se vissuta con consapevolezza e, naturalmente, all'insegna del benessere. Gli scompensi or-

SEGRETO

VISO D'ALOE

MATERIALI

- 1 confezione di gel puro d'Aloe, rigorosamente non pastorizzato e non filtrato a carboni
- 1 tazza di zucchero di canna o 1 tazza di bicarbonato

PROCEDIMENTO

Mescolare delicatamente 1 tazza di gel puro d'Aloe con 1 tazza di zucchero di canna o bicarbonato, a piacere. Inumidire la pelle e massaggiare. Ideale sotto la doccia.

MAI PIÙ SENZA!

PELLE LISCIA

A seconda dell'effetto desiderato è possibile scegliere fra zucchero di canna o bicarbonato. Il primo, con i granelli piuttosto grossi, è ideale per un massaggio che riattiva la circolazione, mentre il secondo è la scelta di chi cerca un'azione esfoliante più decisa. Questo scrub per il corpo è ideale anche sulle gambe perché, con il calore dell'acqua della doccia o del bagno e l'azione meccanica, libera i pori evitando l'antiestetico problema dei peli sottopelle.

monali legati alla cessazione del ciclo mestruale comportano disagi di carattere fisico come vampate, meno secrezioni, osteoporosi, indebolimento e progressivo diradamento dei capelli, difficoltà a memorizzare e a concentrarsi, ma anche problemi di carattere emotivo come un umore più instabile e altalenante o una sensazione di tristezza improvvisa. Il succo puro d'Aloe integra magistralmente gli attivi che il corpo nel tempo ha smesso di produrre o ha iniziato a produrre in una quantità minore. Sostiene l'intero organismo e lo aiuta ad adattarsi alla nuova situazione, depurandolo e "ricordandogli" quali siano i meccanismi di salute basilari per godersi questa età, come la promozione del dialogo fra cellule: una promessa di equilibrio e giovinezza interiore da prolungare per continuare ad avere benefici anche a livello pratico.

ORZAIOLO

L'infiammazione della palpebra avviene se una ghiandola sebacea si ostruisce. L'orzaiolo può impedire non solo il corretto umettamento dell'occhio, ma anche una corretta funzione visiva. È possibile intervenire tempestivamente facendo degli impacchi con succo puro d'Aloe, che andranno tenuti per 20 minuti ciascuno e cambiati spesso. Successivamente si può trarre giovamento da una garza sterile calda imbevuta di camomilla e succo puro d'Aloe, persistendo per tre volte al giorno fino al termine del disagio.

PANNOLINI E IRRITAZIONI DA CONTATTO/ SFREGAMENTO

Per ragioni diverse piccoli e grandi possono provare disagi alla pelle che variano da un generico arrossamento fino a dolorose abrasioni dovute al continuo sfregamento. Il momento del cambio pannolino può diventare un gesto lenitivo naturale se si sceglie di massaggiare l'area con del gel puro d'Aloe, che nutrirà la pelle e la proteggerà. Per gli adulti, invece, il problema del sudore e dello sfregamento riguarda soprattutto la stagione estiva: per prevenire il disagio si può applicare del gel puro d'Aloe nell'interno coscia, gesto che offre un sollievo immediato anche nel caso in cui l'irritazione sia già in corso.

PELLE SPENTA E OPACA

La pelle ha bisogno di respirare. Molto spesso sono le abitudini scorrette a soffocarla: se il viso risente di trucco e smog che si accumulano, o di una detersione sommaria (a volte si confonde un volto struccato con un volto pulito), anche il corpo ha qualcosa di cui lamentarsi. Costretta dai vestiti e meno esposta, il resto della nostra epidermide ha altrettanto bisogno di rigenerarsi. Il succo puro d'Aloe facilita questi processi, poiché mette in moto tutti i meccanismi che permettono all'organismo di espellere le tossine e depurarsi, ottenendo fra i vari benefici anche quello di una pelle setosa.

PEMFIGO O DERMATITE A BOLLE

Sulla pelle compaiono vesciche piene di liquido lattiginoso che, fuoriuscendo, può contaminare l'area sana circostante estendendo l'entità dell'infiammazione. Si consiglia di pulire accuratamente l'area con un detergente ultradelicato e tamponare le vescicole con un batuffolo imbevuto di puro succo d'Aloe. Vanno previsti quattro o cinque interventi al giorno per permettere all'Aloe di espletare la sua funzione antinfiammatoria e antibatterica, supportando così il processo di guarigione.

PIAGHE DA DECUBITO

Le persone costrette nella stessa posizione a lungo, che si tratti di degenti ospedalieri o di anziani con scarsa capacità motoria, possono andare incontro al disagio delle piaghe da decubito, uno stato infiammatorio che interessa la parte del corpo compressa dal suo stesso peso: il sangue fatica a defluire, lasciando ristagni da un lato e inibendo l'irrorazione dall'altro. Si possono creare solchi purulenti che vanno a infettare gli altri tessuti, esponendo al rischio di un'infezione generale e un'infiammazione del sangue (setticemia). Anche in questo caso la prevenzione si rivela l'arma migliore: detergere le aree soggette a compressione con un bagnodoccia d'Aloe ultradelicato e massaggiare del gel puro d'Aloe fino ad assorbimento. Nel caso siano già presenti le prime piaghe, in un momento successivo alla detersione è possibile applicare del succo puro d'Aloe diluito con acqua tiepida, tamponando attraverso bende soffici (altrimenti lo sfregamento meccanico potrebbe causare ulteriori disagi).

PSORIASI

Malattia cronica, si presenta con squame localizzate soprattutto su mani, gomiti e ginocchia. L'Aloe risulta un alleato più che efficace nel contrastare la problematica, poiché agisce sulla riepitelizzazione e apporta il suo potere calmante. È importante associare al consumo del succo puro d'Aloe anche l'applicazione topica di gel puro d'Aloe, mattina e sera, per mantenere alta l'idratazione anche dall'esterno.

PUNTURE D'INSETTI

Il lettore che, punto da un insetto, applicherà in questo preciso istante un sottile strato di gel puro d'Aloe sul ponfo e l'area circostante, potrà avvertire un sollievo immediato già alla fine di questa frase. Ideale anche per trattare la pelle dei più piccoli.

RAGADI

Le dolorose screpolature sono più frequenti sul seno e colpiscono maggiormente le donne in periodi particolari come quello successivo al parto. Possono essere causate da un momento di carenza energetica in seguito a sforzo o dalla mancanza di nutrimento. Il gel puro d'Aloe, massaggiato più volte al giorno, aiuta la cicatrizzazione, ammorbidisce la pelle, aiuta la pelle a ritrovare la sua elasticità e, ultimo supporto ma certamente non per importanza, un'applicazione dopo l'altra neutralizza il dolore.

SCOTTATURA SOLARE

Purtroppo dobbiamo constatare l'ovvio: la pelle andrebbe protetta e salvaguardata. Il pericolo non è soltanto quello della banale scottatura, ma di gettare le basi per la formazione di un melanoma. I

BRIVIDO D'ALOE

SEGRETO

MATERIALI

- 1 confezione di gel puro d'Aloe, rigorosamente non pastorizzato e non filtrato a carboni
- 1 cetriolo
- 1 stampino per cubetti di ghiaccio

PROCEDIMENTO

Ridurre il cetriolo in una purea abbastanza consistente e mescolare in parti uguali con il gel puro d'Aloe. Versare in un uno stampino per ghiaccioli e riporre in freezer.
Estrarre una volta perfettamente congelati.

PELLE ARROSSATA

MAI PIÙ SENZA!

PELLE ARROSSATA. I ghiaccioli "brivido d'Aloe" sono pronti, si possono strofinare sulla pelle arrossata per un sollievo immediato.
PEDILUVIO ESTIVO. Caviglie e piedi gonfi, caldo e... finalmente un pediluvio rinfrescante. Aggiungere i ghiaccioli "brivido d'Aloe" significa prepararsi a fare concorrenza alla migliore spa direttamente da casa. Il tocco speciale: qualche foglia di menta fresca.
PINZETTE SENZA DOLORE. Passare i ghiaccioli "brivido d'Aloe" sulle sopracciglia causa un breve shock termico che ha l'effetto di un blando anestetico. Questo vale per qualsiasi cubetto di ghiaccio, ma il "brivido d'Aloe" trasmette tutta la forza lenitiva, anti-arrossamento e calmante del gel puro.

dati dell'AIRTUM (associazione italiana registro tumori), evidenziano 3150 nuovi casi per gli uomini e 2850 per le donne, con un'incidenza raddoppiata negli ultimi 10 anni. Ormai i consumatori hanno capito l'importanza di ripararsi dai raggi solari anche durante le stagioni in cui questi sembrano più innocui: mentre fino a pochi anni fa le creme con fattore di protezione sembravano più vicine al gesso che a un trattamento viso, oggi le consistenze si sono fatte leggere e facili da riassorbire, si trovano ovunque e sono alla portata di tutti. Ciononostante l'emergenza può capitare anche alle persone più caute e accorte. Il gel puro d'Aloe sembra nato per dare sollievo anche in questo caso. Si fonde immediatamente con la pelle senza causarle lo stress che un ulteriore massaggio/sfregamento porterebbe, la disseta e la calma con una rapidità stupefacente. L'enzima bradichinasi aiuta a bloccare l'infiammazione, l'acido salicilico permette di avvertire meno dolore mentre l'acemannano rende più breve il tempo impiegato dalla pelle per riepitelizzarsi.

SMAGLIATURE

Le antiestetiche smagliature colpiscono indistintamente donne e uomini a prescindere dal tono generale della pelle o dalla percentuale di massa grassa. Le *striae distensae*, questo il loro nome scientifico, si presentano quando le fibre elastiche del derma si lacerano. Nella loro prima fase appaiono rossastre, mentre con il passare del tempo diventano bianche, ma sempre visibili. La pelle è per sua natura elastica, ma a volte i cambiamenti sono così repentini da renderle impossibile un veloce adattamento: è il caso di una gravidanza, una forte perdita (o un forte aumento) di peso, una forte crescita (durante l'adolescenza). Come spesso accade, il trattamento migliore è quello preventivo. Massaggiare la pelle con un olio d'Aloe aiuta a mantenerla idratata ed elastica, meno soggetta al "trauma" dello stiramento eccessivo e pronta a rispondere alle sollecitazioni. Per sostenere ulteriormente l'azione dell'Aloe può risultare utile integrare cibi ricchi di vitamine A ed E.

SEGRETO

ALOE LAST MINUTE

MATERIALI

- 1 confezione di gel puro d'Aloe, rigorosamente non pastorizzato e non filtrato a carboni
- 2 bustine di tè verde per infusi
- 1 stampino per cubetti di ghiaccio

PROCEDIMENTO

Preparare il tè verde con due bustine e lasciare raffreddare. Una volta a temperatura ambiente, versarlo negli stampini nella dose di 2 parti di gel puro d'Aloe per 2 parti di tè verde.

MAI PIÙ SENZA!

PER FINIRE LA GIORNATA IN BELLEZZA

L'Aloe last minute è il trattamento perfetto per regalarsi una pausa anti-stress. Con la musica giusta in sottofondo e i cubetti che si sciolgono a contatto con il calore dell'epidermide, tutto il viso si rilassa e trae un enorme beneficio. Il tè verde, inoltre, è un ottimo alleato in grado di attenuare i gonfiori e, con il suo potere antiossidante, porta sulla pelle un carico di giovinezza.

STANCHEZZA, LENTEZZA, POCA CONCENTRAZIONE

Senza entrare troppo in profondità nell'ambito psicologico, non tutto lo stress è cattivo. Recenti studi confermano che una dose (sopportabile dall'organismo e dal cervello) di stress abbia lo scopo di mantenerci vigili, proattivi, attenti al quotidiano e proiettati verso il futuro: una specie di tensione evolutiva che servirebbe a promuovere l'adattabilità alle situazioni. Il responsabile delle nostre lamentele circa la stanchezza e l'affaticamento, la sensazione di essere poco lucidi, fare fatica a dormire o concentrarsi, viene chiamato distress. Questo termine indica il disagio, la porzione di troppo, i pensieri ricorrenti che affaticano la mente senza permetterle di trovare una soluzione. Generalmente il distress rappresenta una situazione di accumulo e questo necessita del lavoro del succo puro d'Aloe, che può intervenire quotidianamente con i suoi insegnamenti. Esso aiuta a contrastare i disturbi del sonno per mezzo dell'inositolo, un fosfolipide vegetale che svolge un effetto benefico sull'attività nervosa; promuove la sensazione di lucidità e padronanza di sé con la presenza della fenilalanina e dei fosfolipidi. Questi ultimi sono particolarmente coinvolti nella "comunicazione" fra una cellula e l'altra, agevolandone il dialogo. Il succo puro d'Aloe, così come la papaya bio-fermentata, non può mai mancare a casa di studenti coinvolti in attività intellettuali intense (come a ridosso di esami) e lavoratori che svolgono mansioni per le quali il carico mentale sia significativo.

VENE VARICOSE

Problema che colpisce tutto il corpo, ma che si ritrova più frequentemente negli arti inferiori, vede la dilatazione e l'ispessimento dei vasi sanguigni superficiali, che danno l'impressione di affiorare sottopelle. Le vene varicose possono essere in alcuni casi asintomatiche e portare con loro un disagio di natura puramente estetica, ma spesso sono accompagnate da un dolore intenso. In questi casi, l'applicazione di un gel puro d'Aloe può aiutare a contrastare il gonfiore e il prurito che si può avvertire.

SEGRETO

ALOE DI CLEOPATRA

MATERIALI

- 1 confezione di gel puro d'Aloe, rigorosamente non pastorizzato e non filtrato a carboni
- 1 stick-pack di papaya pura bio-fermentata
- 1 cucchiaino di miele

PROCEDIMENTO

In una ciotola mescolare 4 cucchiai di gel puro d'Aloe, uno stick-pack di papaya pura bio-fermentata e un cucchiaino di miele. Applicare sul viso e lasciare in posa da 20 a 45 minuti. Sciacquare con acqua tiepida.

MAI PIÙ SENZA!

PER FINIRE LA GIORNATA IN BELLEZZA

Se la papaya fresca contiene degli enzimi che aiutano a rimuovere le cellule morte dallo strato più superficiale della pelle, quella bio-fermentata ha un'azione ancora più completa grazie alle sue proprietà emollienti, lenitive, nutrienti e anti-age. Si ritiene che la stessa Cleopatra usasse la papaya per avere una pelle giovane e splendida: noi abbiamo la certezza che un'epidermide sana sia bellissima a prescindere dalla sua età anagrafica.

CAPITOLO XI

ALOE, ALCUNE PRECAUZIONI

L'Aloe, se trattata con rispetto, utilizza il suo intuito verde per rispondere alle problematiche più varie. Sa come adattarsi, tamponare, purificare, ricostruire. Tuttavia ci sono alcune precauzioni da considerare nel nostro stesso interesse.

DIABETE INSULINO DIPENDENTE

L'assunzione di succo puro d'Aloe è consigliato ai pazienti affetti da diabete qualora essi presentino iperglicemia a causa di un pancreas "pigro", perché l'Aloe è in grado di abbassare il livello di glucosio ematico. (Pazienti che, naturalmente, consulteranno il loro medico curante per avere la piena approvazione del trattamento). Il discorso cambia per il diabete di tipo insulino-dipendente, poiché il paziente inietta insulina per abbassare il livello glicemico a valori normali (dato che il pancreas non ne produce). Se all'iniezione di insulina viene associato il consumo di succo puro d'Aloe, l'effetto dei due si combina portando la glicemia sotto i valori normali, con il rischio di una crisi ipoglicemica.

GRAVIDANZA

Anche nel caso di una lavorazione industriale rispettosa, nella quale non si riscontri aloina in quantità ponderali, si sconsiglia l'assunzione del succo puro d'Aloe in gravidanza a titolo precauzionale. La ragione per la quale è meglio astenersi durante la gestazione è legata all'effetto lassativo, che potrebbe produrre contrazioni nei soggetti predisposti.

ALLATTAMENTO

Per la stessa ragione sarebbe ragionevole evitare di assumere succo puro d'Aloe durante l'allattamento, in quanto alcune molecole antrachinoniche potrebbero passare nel latte materno, provocando un effetto lassativo nel neonato. Una curiosità: pare che le donne Maya usassero strofinare delle foglie d'aloe sui seni verso la fine della fase di allattamento per rendere il capezzolo amaro, inappetibile e quindi velocizzare il processo verso lo svezzamento.

REAZIONI ALLERGICHE

L'Aloe si è dimostrata una pianta affidabile sotto molti aspetti, con un indice allergenico fra i più bassi che si possano riscontrare. Questo accade per due ragioni. Quella di natura pratica risiede nei composti presenti al suo interno, una miscela bilanciata che ha lo scopo di risvegliare l'organismo, non di sovrastarlo con una quantità ingestibile. L'altra ragione è quasi più affascinante e di natura bio-emotiva: l'Aloe è una pianta sicura di sé perché ha il tempo dalla sua parte. Pur essendosi evoluta in una serie di varietà diverse, la sua innata facoltà di adattarsi e prosperare in ambienti inospitali le ha infuso una sicurezza biologica, ma priva della chiusura che contraddistingue altre specie. Nonostante la sua altissima adattabilità e il modo in cui il l'organismo impara ad apprezzarla con il consumo o l'uso, l'Aloe può comunque dare reazioni allergiche nei soggetti predisposti. In quel caso è necessario sospendere il trattamento, sottoporsi a un test per scoprire a quale o a quali componenti si risulta allergici e scegliere dei prodotti che non lo/li contengano. La prima volta che si applica dell'Aloe sulla pelle, questa può arrossarsi e gonfiarsi leggermente. Ciò non pregiudica la bontà del prodotto, anzi, è indice della sua naturale attività.

PERDITA DI POTASSIO

Il succo puro d'Aloe non deve essere assunto insieme a farmaci diuretici tiazidici (efficaci anti-ipertensivi che però, a causa del loro meccanismo d'azione, vengono condotti e metabolizzati a livello renale), poiché sussiste il rischio di ipopotassemia, pericolosa soprattutto per anziani con problemi cardiaci e in terapia digitalica. La stessa controindicazione vale per la concomitante assunzione di cortisonici, liquirizia e glicosidi cardioattivi. È naturalmente consigliato chiedere il parere del proprio medico curante per l'interazione di Aloe con altri tipi di farmaci somministrati per via orale, poiché può ridurre l'assorbimento degli stessi.

RISPETTARE IL MODO D'USO

Come in qualsiasi ambito è importante non esagerare. Può succedere che, una volta scoperte le molteplici proprietà dell'Aloe, si cada in tentazione di aumentare la dose giornaliera. Il rischio, in questi casi, è di andare incontro a nausea, disidratazione, crampi allo stomaco e spasmi intestinali. Ricordiamo che questi disagi si manifestano quando il succo d'Aloe è lavorato in casa (con poca accortezza), mentre un prodotto che non contiene aloina in quantità ponderali non rischierà di causare effetti negativi (salvo, eventualmente, in caso di sovradosaggio).

COCKTAIL ANALCOLICI

MirtillAloe

Ingredienti
100ml di Succo Puro d'Aloe
200gr di mirtilli
4 foglie di ginkgo fresche o secche
2 foglie di menta

Preparazione
Ridurre i mirtilli in purea, pestare le foglie di ginkgo, aggiungere il Succo Puro d'Aloe, versare in un bicchiere e guarnire con la menta.

Aloe di bosco

Ingredienti
150ml di Succo Puro d'Aloe
1 mela
100gr di lamponi
50gr di mirtilli

Preparazione
Frullare la polpa della mela insieme ai lamponi e ai mirtilli, aggiungendo solo successivamente il Succo Puro d'Aloe. Versare in un bicchiere e guarnire con mirtilli.

Aloenanas

Ingredienti
100ml di Succo Puro d'Aloe
300gr di ananas (preferibilmente frutto fresco)

Preparazione
Frullare la polpa dell'ananas, aggiungere solo successivamente il Succo Puro d'Aloe e mescolare delicatamente. Versare in un bicchiere e guarnire con una fetta d'ananas.

GHIACCIOLI GOLOSI

Aloekiwi

Ingredienti
200ml di Succo Puro d'Aloe
2 kiwi maturi
4 cucchiaini di zucchero

Preparazione
Sbucciare i kiwi e ridurli in purea. Aggiungere lo zucchero e il Succo Puro d'Aloe mescolando con cura. Versare negli stampini per ghiaccioli e riporre in freezer.

Aloerainbow

Ingredienti
200ml di Succo Puro d'Aloe
1 kiwi maturo
10-15 fragole di media grandezza
1 banana

Preparazione
Ridurre in purea la banana e versarla negli stampini per ghiaccioli, che andranno riposti in freezer per 5-8 minuti. Pulire il mixer e ridurre in purea il kiwi. Estrarre gli stampini dal freezer, versare uno strato di Succo Puro d'Aloe e il kiwi senza mescolare, facendolo aderire allo strato di banana. Ripetere la procedura con le fragole. Riporre in freezer.

COCKTAIL ALCOLICI

Mai-Taloe

Ingredienti
8 parti di rum bianco
4 parti di rum scuro
3 parti di orange curacao
3 parti di Succo Puro d'Aloe
una spruzzata di succo
di lime fresco
ghiaccio q.b.

Preparazione
Versare in uno shaker con del ghiaccio tutti gli ingredienti tranne il rum scuro, che andrà fatto stratificare in superficie.

CosmopolitAloe

Ingredienti
5 parti di vodka
3 parti di triple sec
3 parti di succo di ribes
2 parti di Succo Puro d'Aloe
ghiaccio q.b.

Preparazione
Versare in uno shaker e agitare bene. Servire in bicchiere da cocktail.

CubAloe Libre

Ingredienti
4 parti di rum bianco
6 parti di cola
3 parti di Succo Puro d'Aloe
1 fetta di lime
ghiaccio q.b.

Preparazione
Riempire un bicchiere alto con del ghiaccio o riporlo in freezer per farlo raffreddare. Versare rum, cola e Succo Puro d'Aloe mescolando delicatamente. Guarnire con una fetta di limone.

CaipirAloe

Ingredienti
4-5 cubetti di ghiaccio
4 cucchiaini di
zucchero di canna
2 parti di cachaca
2 parti di Succo Puro d'Aloe
6 spicchi di lime

Preparazione
Mettere 3 spicchi di lime, schiacciandoli bene per spremerne il succo, in un bicchiere piccolo. Aggiungere lo zucchero di canna, il Succo Puro d'Aloe e la cachaca.

Aloejito

Ingredienti
ghiaccio tritato q.b.
5 parti di rum
5 parti di acqua tonica
20ml di succo di lime
100ml di Succo Puro d'Aloe
zucchero di canna
foglie di menta

Preparazione
Creare l'Aloejito direttamente nel bicchiere. Schiacciare il lime, lo zucchero e la menta. Riempire il bicchiere fino all'orlo di ghiaccio tritato. Aggiungere rum, acqua tonica e il Succo Puro d'Aloe. Mescolare bene.

Negroni sbagliato con Aloe

Ingredienti
ghiaccio q.b.
1/3 di spumante brut
1/3 di vermouth rosso
1/3 di bitter
100ml di Succo Puro d'Aloe
mezza fetta di arancia

Preparazione
Mettere 4-5 cubetti di ghiaccio in un bicchiere medio e aggiungere gli ingredienti. Mescolare con un cucchiaio da bar e decorare con mezza fetta di arancia.

Aloexander

Ingredienti
4-5 cubetti di ghiaccio
1/4 di gin
1/4 di crema di cacao
1/4 di panna liquida
1/4 di Succo Puro d'Aloe
un pizzico di noce moscata

Preparazione
Mettere il ghiaccio in uno shaker ed aggiungere gin, Succo Puro d'Aloe, panna e crema di cacao. Agitare bene finché lo shaker diventa ben freddo e versare in un bicchiere da cocktail precedentemente raffreddato. Guarnire con una grattugiata di noce moscata e servire.

Aloetini

Ingredienti
5/10 di gin
3/10 di Succo Puro d'Aloe
2/10 di succo di mela
ghiaccio q.b.

Preparazione
Aggiungere tutti gli ingredienti nello shaker insieme ad abbondante ghiaccio, agitare e versare in un bicchiere da cocktail senza filtrare.

Aloe Colada

Ingredienti
1 parte di rum chiaro
2 parti di crema di cocco
2 parti di succo d'ananas
1 parte di Succo Puro d'Aloe
1 fetta di ananas
ghiaccio q.b.

Preparazione
Mettere nello shaker ghiaccio spezzettato, rum, crema di cocco e succo di ananas. Agitare dolcemente. Filtrare in un bicchiere e aggiungere il Succo Puro d'Aloe. Decorare con una fetta di ananas.

AztecAloe

Ingredienti
8-10 cubetti di ghiaccio
1 parte di tequila
succo di 1/2 lime
1 mango piccolo
1 parte di Succo Puro d'Aloe

Preparazione
Frullare metà del ghiaccio aggiungendo tutti gli ingredienti tranne il Succo Puro d'Aloe. Filtrare il drink in un grande bicchiere da cocktail nel quale sarà stato messo il ghiaccio rimanente. Aggiungere il Succo Puro d'Aloe e mescolare. Decorare con una fettina di lime.

DOLCEZZE (FACILI)

Bavarese di Aloe e clementine

Ingredienti
500ml di Succo Puro d'Aloe
4 fogli di gelatina
1 pompelmo
1 arancia
2 clementine

Preparazione
Portare a bollore 100ml di Succo Puro d'Aloe e nel frattempo lasciare in ammollo i fogli di gelatina per un paio di minuti. Strizzare, aggiungere all'aloe che nel frattempo è stata tolta dal fuoco. Mescolare fino a ottenere un composto omogeneo. Aggiungere il resto del Succo Puro d'Aloe e versare il composto negli stampi. Refrigerare fino a quando il composto diventerà sodo. Per il servizio, ridurre in una polpa non troppo fina il pompelmo, l'arancia e le clementine. Versare il composto sulla bavarese.

SpuntinAloe

Ingredienti
semi di girasole
85gr di uva sultanina
30 cucchiai da tavola
di cacao in polvere
40 cucchiai da tavola
di Succo Puro d'Aloe

Preparazione
Inserire i semi di girasole in un mixer e lavorare fino a ottenere una fine granulazione. Aggiungere il resto degli ingredienti e mescolare fino a ottenere una pasta consistente. Rimuovere dal mixer e lavorare con le mani fino a ottenere una forma rettangolare. Tagliare in forma di mattoncini secondo la grandezza desiderata. Servire subito.

UN APPROFONDIMENTO?

L'Aloe ha tanto da insegnare a chi le si avvicina. Il testo di riferimento, non solo per chi ha redatto questo volume, ma per tutti gli esperti del settore e gli appassionati del naturale è Il *Grande Libro dell'Aloe*, Edizioni ZUCCARI, 2009.

Ogni voce che qui è stata accennata troverà un approfondimento che risulta piacevole, seppur di carattere scientifico.

Il libro contiene inoltre dei rimandi e dei riferimenti ai progressi della Ricerca in merito all'applicazione dell'Aloe in integrazione alla medicina olistica. Nei primi anni 2000 sembrava che l'Aloe dovesse essere una moda di passaggio come tante, sufficientemente tropicale da risultare esotica, abbastanza facile da reperire per fare tendenza. I primi formulatori sono stati pionieri non soltanto della lavorazione, ma anche del buono che questa pianta aveva da trasmettere. Sono stati quegli stessi formulatori a definire uno standard per il consumatore, facendo in modo che la cultura avesse la meglio sulla mera vendita di prodotti. Avevano intuito che l'Aloe fosse un patrimonio al quale avvicinarsi con curiosità e non l'ennesimo ritrovato fitoterapico da sfruttare sull'onda del successo. Oggi quei formulatori si distinguono ancora perché la loro missione non è cambiata, mentre il mercato ha ampliato la sua offerta in termini di quantità e prezzo, (purtroppo) spesso sacrificando la qualità che adesso il lettore sa riconoscere. Non accontentarsi di prodotti "all'Aloe", cercare la totale assenza di pastorizzazione, comprendere l'importanza di avere formulazioni prive di acqua aggiunta e non lasciarsi appannare i sensi da una certificazione bio, significa rispettare per primo il nostro organismo e successivamente l'Aloe, perché tutto quello che (ancora) può darci non può essere ridotto a una legge commerciale o al marketing più aggressivo.

191 PAGINE

APPROFONDIMENTI STORICI
DEGLI USI DELL'ALOE

CLASSIFICAZIONE
BOTANICA

APPROFONDIMENTI BIOCHIMICI
SU TUTTI GLI ELEMENTI COSTITUTIVI

APPROFONDIMENTI
SUGLI IMPIEGHI
PRATICI

INTEGRATORI
E COSMETICI

APPROFONDIMENTO SULLE
RICERCHE CONDOTTE E IN CORSO

La ricerca scientifica circa le applicazioni dell'Aloe è in continuo fermento. Riportiamo alcuni spunti interessanti che potranno essere approfonditi con la lettura de "Il Grande Libro dell'Aloe", essendo gli ambiti di efficacia molto vasti e non ancora completamente indagati.

L'aloemodina è un nuovo tipo di agente anticancerogeno con attività selettiva contro i tumori neuroectodermici.
Dipartimento di istologia, microbiologia, e biotecnologie mediche. Università di Padova. Italia, Giugno, 2000, Palu, Pecere, Gazzola, Mucignat, Parolin, et al.
Lo studio italiano del noto professor Palu evidenzia come l'aloemodina, un idrossiantrachinone presente nella foglia di Aloe, svolge una specifica attività contro i tumori del tessuto nervoso ectodermico, sia in vitro che in vivo, producendo meccanismi citotossici specifici. Per questo motivo l'aloemodina potrebbe rappresentare una nuova strada nel concetto di droghe antitumorali.

Agenti antinfiammatori provenienti dalle erbe per le affezioni della pelle.
Dipartimento di dermatologia. Centro medico universitario. New York, USA, 2000 Graf.
La ricerca mette in evidenza l'utilità dell'uso di erbe in varie patologie dermatologiche, soprattutto, se caratterizzate da infiammazioni e pruriti. Secondo l'autore è utile, infatti, un aumento sempre maggiore della collaborazione tra le medicine, alternativa e tradizionale. Tra le piante valorizzate dal lavoro si attribuisce una importanza fondamentale a quella dell'Aloe.

Effetti benefici dell'Aloe nella guarigione delle ferite.
Dipartimento di chirurgia. Galveston, Università del Texas. USA, 1989. Heggers.
È presentata un'indagine clinica che analizza il delicato ruolo dell'Aloe nell'ostacolare la progressiva ischemia dermica, dovuta a lesioni termiche, di congelamento, o escoriazioni elettriche. Le

sperimentazioni sono eseguite prima in vitro e poi sugli animali, esattamente sui maiali. I risultati in entrambi i casi collimano e dimostrano l'inibizione da parte di preparati a base d'Aloe, dei trombossani, vasocostrittori prodotti dalle risposte immunitarie che sopprimono la circolazione sanguigna del tessuto colpito da uno degli eventi ingiuriosi citati.

L'Aloe vera e le giberelline: attività antinfiammatoria.
PubMed Gennaio 1989. Davis, Maro.
L'Aloe vera inibisce l'infiammazione da artrite indotta. Gli autori dello studio hanno dimostrato che l'Aloe vera migliora la guarigione di ferite e suggerisce che la sua azione non è del tipo steroideo adrenalinico. Sono state usate cavie da laboratorio, in quanto esse possiedono limitate abilità organiche antinfiammatorie e di guarigione spontanea delle ferite. L'attività antinfiammatoria dell'Aloe vera e delle giberelline isolate, in essa contenute, è stata misurata attraverso la valutazione di un parametro clinico, l'inibizione dei leucociti polimorfonucleari. Entrambe le sostanze usate portano ad un'evidente diminuzione dell'infiammazione e perciò si deduce che le giberelline contenute nella polpa di Aloe vera sono composti antinfiammatori attivi.

Aloe vera: una revisione sistematica dei suoi effetti clinici.
Dipartimento di medicina complementare, Scuola di Medicina Postlaurea, Università di Exeter, UK. Ottobre, 1999 Vogler, Ernst.
Da una rassegna sistematica dell'efficacia clinica sull'utilizzo di Aloe vera, condotta con analisi parallele di quattro enti diversi, è emerso che la somministrazione orale di succo d'Aloe, può essere impiegato come aggiuntivo alla normale dieta, per abbassare i livelli di glucosio in pazienti diabetici, così come ridurre il livello di grassi nel sangue in pazienti iperglicemici. L'uso topico si è rivelato utile nel trattamento di herpes genitali e psoriasi, ma, non ha dimostrato la grande efficacia ipotizzata, su lesioni da radiazione.

Ricerche riportate da "*Il Grande Libro dell'Aloe*"

In questo viaggio attraverso i segreti dell'Aloe abbiamo imparato a conoscerne gli aspetti farmacologici e quelli di natura pratica: oggi sappiamo riconoscere i meccanismi che la rendono ideale per mantenere la giovinezza e contrastare l'invecchiamento (no, non è la stessa cosa), conosciamo le sue proprietà antibatteriche, antimicotiche, antinfiammatorie, antisettiche, nutritive, purificanti, antidolorifiche. Eppure l'Aloe non sarebbe segreta se non avesse in serbo per noi altre qualità nascoste. Conosciamo la sua natura buona, affidabile e generosa, ma non padroneggiamo ancora tutti i micro-meccanismi che la rendono così accettata dal nostro corpo e utile per il suo corretto funzionamento. Al mondo ci sono ricercatori e aziende che non si accontentano delle risposte trovate fino a questo momento e forse non si accontentano nemmeno delle domande poste. Sono i lettori e i consumatori, con la loro curiosità, a portare all'attenzione del mondo della Scienza l'importanza di investigare sui meccanismi biologici che una pianta così umile può ancora svelarci. Con un limite, ad avviso di chi scrive. Quando qualcuno chiederà al lettore "ma cosa fa l'Aloe?", ci sono due strade. La prima è passare questo volume al diretto interessato, magari con una dedica e un augurio di benessere. La seconda è rispondere che "fa bene a tutto", perché questa è la verità più grande e il segreto più importante che si possa svelare in dodici lettere.

CARO LETTORE,
SE L'ALOE È ENTRATA
NEL TUO CUORE,
ALLORA SII COME L'ALOE.

BIBLIOGRAFIA

Sala, S. e Bassetti, A.: ***"Il Grande Libro dell'Aloe - Storia, botanica, composizione e aspetti farmacologici di una pianta leggendaria"*** Edizioni ZUCCARI, 2009

Beringer, A.: ***"Aloe vera, belli e sani in modo naturale con l'estratto puro di Aloe vera"*** Macro Edizioni, Monaco, 1997

Pedretti, M.: ***"Chimica e farmacologia delle piante medicinali"*** Studio Edizioni, Milano

Richterich R.: ***"Chimica clinica - teoria e pratica"*** Bulzoni Editore, Roma, 1968

AA. VV.: ***"Guide pratiche per l'automedicazione responsabile"*** Bayer

Lawless J., Allan J.: ***"Aloe vera. Le proprietà terapeutiche di una pianta versatile ed efficace"*** Tecniche nuove, Milano, 2000

Gentile, Cignetti: ***"Fitofarmaci"*** Piccin, Padova, 1987

Murray, M.: ***"Il potere curativo dei cibi"*** Red edizioni, Como, 1996

Cappelletti C. e F.: ***"Dalle erbe la salute"*** Publilux, Trento, 1992

Silvani, F.: ***"Ayurveda - Scienza della vita"*** I nuovi delfini gruppo futura, 1998

Fiore, G.: ***"L'Aloe immunostimolante naturale. Natura e benessere"***, 2001

Monti, L.: ***"16 monografie di piante medicinali eccellenti"*** Studio edizioni, Siena, 2000

Kousmine, C.: ***"Salvate il vostro corpo!"*** Tecniche nuove, Milano, 1998

Valitutti, G: ***"Chimica organica"*** Edizioni Atlas, Bergamo, 1984

Bergeret, C.: ***"La nuova fitoterapia"*** Edizioni del riccio, Firenze, 1996

Di Leo, M.: ***"Fitoterapia. Un aiuto dalla natura sorgente di vita, di salute e di bellezza"*** Edizioni GB, Padova, 1997

Brigo, B.: ***"Fitoterapia dalla A alla Z"*** Tecniche nuove, Milano, 1995

Huibers, J.: ***"Le piante medicinali contro lo stress"*** Hermes edizioni, Roma, 1989

Garrett, G.: ***"Beauty Secrets of the Bible: The Ancient Arts of Beauty & Fragrance"***, 2007

AA. VV.: ***"Le mille virtù di Aloe e Miele : Usati insieme eliminano le tossine più pericolose"***, Edizioni Riza, 2015

Cho, C.: ***"The little book of skincare"***, William Morrow, 2015

Vogel, M.: ***"Man-Plant Communication"***, Cosimo books, 2016

Macomber, S.: ***"Our electric emotions"***, ebook on Googleplay, 2013

BIBLIOGRAFIA WEB

www.macrolibrarsi.it/speciali/i-benefici-dell-aloe-10-motivi-per-utilizzarla.php

www.curarsialnaturale.it/rimedi-naturali/cure-naturali-herpes-9805.html

http://homeremediesforlife.com/aloe-vera-for-dandruff/

www.airc.it/cancro/tumori/melanoma-cutaneo/

www.dottorardigo.it/?p=495

www.farmacoecura.it/acne/acne-cause-e-cura/

www.medimagazine.it/laloe-vera-la-pianta-miracolosa/

www.llifle.com/Encyclopedia/SUCCULENTS/Family/Aloaceae/12277/Aloe_barbadensis_var._chinensis

www.mindbodygreen.com/0-5880/5-Awesome-Uses-for-Aloe-Vera.html

http://livewellnetwork.com/Mirror-Mirror/episodes/Beauty-Uses-and-Recipes-for-Aloe-Vera/9200162